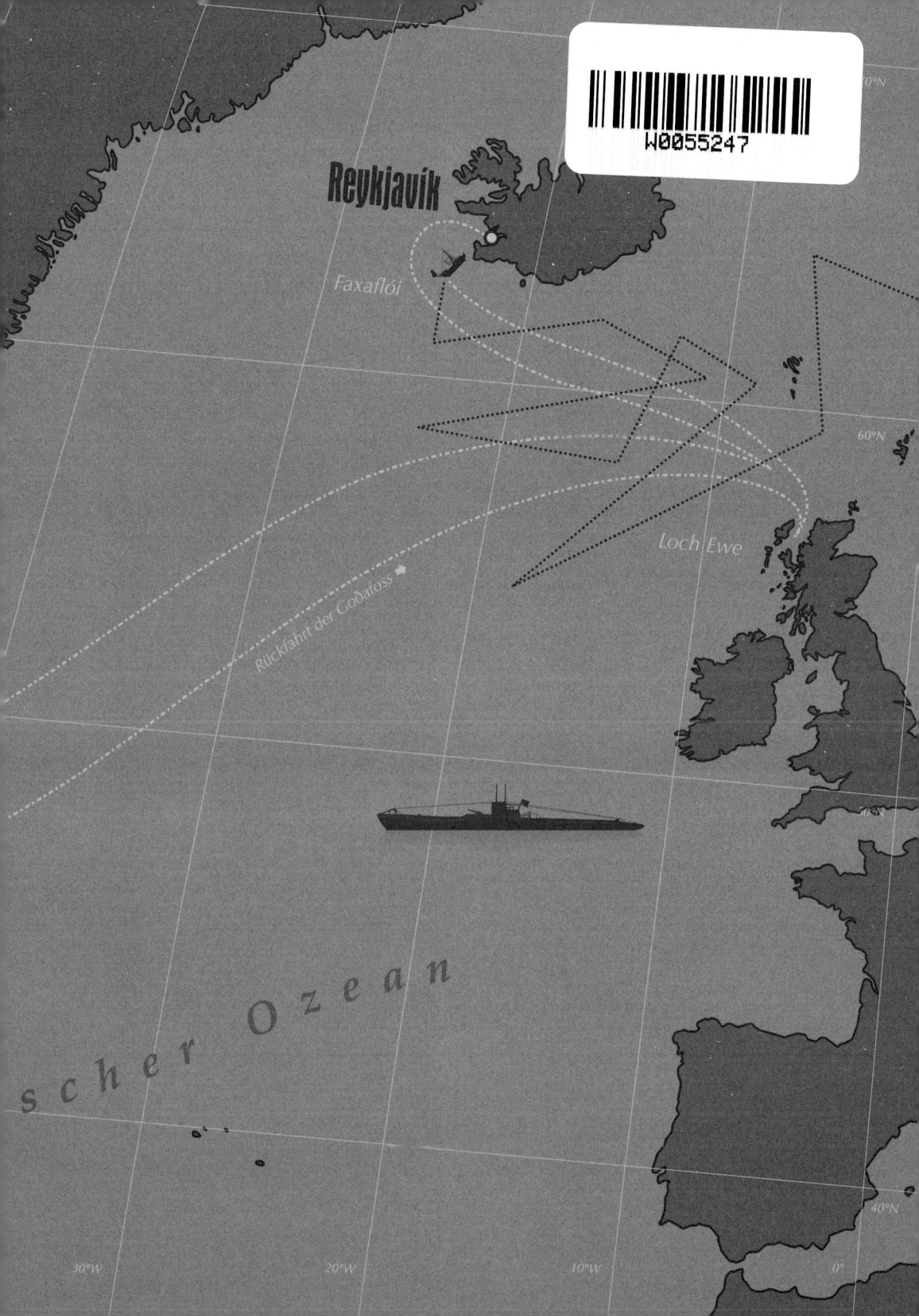

Reykjavik

Faxaflói

Loch Ewe

Rückfahrt der Goðafoss

scher Ozean

60°N

40°N

30°W   20°W   10°W   0°

GOÐAFOSS

von Óttar Sveinsson (Hrsg.) • mit Stefan Krücken

GOÐAFOSS

Originalausgabe, Oktober 2011
Alle Rechte vorbehalten.
© 2011 by Ankerherz Verlag GmbH, Hollenstedt
© Text: Óttar Sveinsson, Reykjavík, und Stefan Krücken, Appel

Die übersetzten Passagen entstammen dem Buch „Útkall - árás á Goðafoss"
von Óttar Sveinsson, erschienen 2003 bei Stöng útgáfufélag, Reykjavík, Island.

This book has been published with a financial support of
Bókmenntasjóður / Icelandic Literature Fund

Herausgeber: Óttar Sveinsson, Reykjavík, mit Stefan Krücken, Appel

Gestaltung und Satz: Peter Löffelholz, Berlin
Illustrationen: Steffi Schütze, Berlin
Übersetzung: Christoph G. Rech
Titelbild: Sigrún Briem, Foto: Privatsammlung Familie Briem
Historische Fotos:
    U-Boot-Archiv Altenbruch und Eimskip Reederei, Reykjavík, Privatarchive
Lektorat: Patrick Schär, Berlin
Korrektorat: Wolfgang Sand, Landsberg, und Hannes Windisch, Leipzig

Druck und Bindung: CPI - Clausen & Bosse, Leck
Gedruckt auf fsc-zertifiziertem, holz- und säurefreiem Papier
der Firma Munkedals, Schweden.
Printed in Germany

Bibliografische Informationen der Deutschen Bibliothek:
Die Deutsche Nationalbibliothek verzeichnet diese Publikation in
der Deutschen Nationalbibliografie; detaillierte bibliografische Angaben
sind im Internet unter http://d-nb.de abrufbar.

Ankerherz Verlag GmbH, Hollenstedt
info@ankerherz.de
www.ankerherz.de

ISBN: 978-3-940138-10-1

INHALT

ÜBER DIESES BUCH

An der Wohnzimmerwand von Sigurður Guðmundsson, in einem Mehrfamilienhaus in Reyjkavík, hängt ein Gemälde, das der Kapitän der *Goðafoss* für ihn malte. Es zeigt Dutzende Schiffe, die durch einen Sonnenaufgang fahren: ein Konvoi aus Frachtern auf dem Atlantik. Was auf diesem Bild zu sehen ist, hat das Leben von Sigurður Guðmundsson, heute weit über achtzig Jahre alt, geprägt. Er war ein junger Matrose auf der *Goðafoss*. Für dieses Buch hat er sich an die dramatischen Ereignisse erinnert, wie andere Überlebende auch. Der Journalist Óttar Sveinsson, dem es gelang, alle lebenden Zeitzeugen der Katastrophe zu finden, führte über Jahre hinweg Interviews, er sammelte Fragmente, blätterte in Fotoalben und besuchte Archive. In Island wurde das Buch, das wir in überarbeiteter Form neu auflegen, ein Bestseller. Die Berichte von Bord des deutschen U-Boots stammen von Horst Koske, damals Funkmaat, den der Reporter Stefan Krücken für mehrere Gespräche besuchte.

Der Untergang der *Goðafoss*, die man einst »den Stolz der Insel« nannte, bedeutet für Island bis heute eine Art nationales Trauma. Die Insel mitten im Atlantik ist, was die Einwohnerzahl betrifft, ein kleines Land: Fast jeder kannte damals einen Verwandten, Freund,

7

einen Nachbarn oder Arbeitskollegen, der zu den Opfern des Untergangs gehörte. Als sechs Jahrzehnte später eine TV-Dokumentation gesendet wurde, schaltete mehr als die Hälfte der Isländer ein; die Frage, wo das Wrack liegen mag, das trotz modernster Suchmethoden verschollen bleibt, beschäftigt die Öffentlichkeit. Auch die tragischen Umstände, die zur Versenkung führten, sorgten dafür, dass die *Goðafoss* niemals aus dem Gedächtnis verschwand: Was wäre geschehen, wenn Kapitän Gíslason nicht für die Schiffbrüchigen gestoppt hätte? Wie hätte man selbst in einer solchen Situation entschieden? Die Geschichte der *Goðafoss* wirft elementare Fragen auf, über Moral, über Empathie, aber auch über die Kraft, vergeben zu können.

Die Ereignisse des 10. November 1944 veränderten für viele den Lauf ihres Lebens. Guðmundur Finnbogason, Kombüsengehilfe an Bord der *Goðafoss*, reagierte noch Jahre später panisch, wenn jemand eine Tür zuschlug oder es aus einem anderen Grund Lärm gab. Kapitän Gíslason wurde für seine Entscheidung oft kritisiert und auch beschimpft. William Downey überwand nie den Tod seiner Familie. Arnar Jónsson, geboren 1918, plagen bis heute Albträume, in denen er um sein Leben schwimmt. Sigurður Guðmundsson fuhr noch bis 1954 zur See und arbeitete danach im Flughafen von Keflavík. Er reiste mit seiner inzwischen verstorbenen Frau oft in den Ferien nach Deutschland, zum Urlaub ins Rheinland oder an die Mosel. »Ich hege keinen Groll und empfinde keinen Hass«, sagt er. »Im Gegenteil: Die meisten Deutschen, die ich kennengelernt habe, fand ich äußerst freundlich.« Ähnliches erfuhr der Autor Óttar Sveinsson in den Gesprächen mit anderen Überlebenden. »Sie sind bereit für ein Zeichen der Versöhnung«, sagt er.

An der Wand von Horst Koske, in einem Reihenhaus in der Altstadt von Winsen an der Luhe, hängt eine Fotografie. Das Bild zeigt die Besatzung von *U-300*, und einer der jungen Männer auf dem

Bild ist Koske, damals siebzehn Jahre alt. Nach dem Krieg hat er nie wieder ein U-Boot betreten, er konnte nicht, wie er sagt. Angefeindet wurde er im Nachkriegsdeutschland, fühlte sich als »Verbrecher« denunziert und fand schließlich Arbeit bei der Bundesmarine, für die er bis zu seiner Pensionierung in der Verwaltung tätig war. Jede Nacht, in jeder Woche und jedem Monat, wachte Koske aus Träumen auf. Immer wieder dieses Bild: Er steht auf einem Sandberg, den er hinauflaufen soll. Mit jedem Schritt sinkt er tiefer ein, bis er ertrinkt. »Ich bin schweißgebadet hochgeschreckt und habe geschrien«, sagt er. Doch mit wem außer seiner Familie konnte er darüber reden? Auch auf den Treffen der U-Boot-Kameraden wurde über Ängste oder Spätfolgen geschwiegen, nicht mal die Stimmung an Bord der Boote war ein Thema. Dabei wären sie untereinander die Einzigen gewesen, die wirklich verstehen konnten, was sie erlebt und auch erlitten haben.

Wer mit Horst Koske über den Angriff auf die *Goðafoss* spricht, der hört zunächst manches über technische Details, über Lehrgangskompanien oder Funkmessbeobachtungen. Koske ist jemand, der die Ordnung liebt und der ein phänomenales Gedächtnis besitzt, und wenn er mal ein Detail nicht mehr weiß, zieht er eine Klarsichtfolie aus einem blauen Aktenordner. Doch dann, als es um die Opfer geht, wird Koske leise. »Dass Frauen und Kinder sterben, haben wir nie gewollt, wirklich: nie gewollt«, sagt er, wischt sich mit der Hand die Augen trocken. Vor einiger Zeit begann Horst Koske damit, seine Erinnerungen niederzuschreiben, für seine Kinder und Enkel, so, wie er den Krieg im Boot erlebte und empfand. Als die letzte Seite beendet war, als er den letzten Punkt gesetzt hatte, hörten die bösen Träume auf.

MARLENE
DIETRICH

Lili Marleen

TRIPOLI THEATER REYKJAVIK HERBST 1944

PROLOG

ENGEL IM KRIEGSDIENST

Der Krieg ist ganz nah, ist draußen auf See, in der die U-Boote der Deutschen wie Jäger kreuzen. Der Krieg ist überall auf der Insel, in den Lagern und Stützpunkten der Alliierten. Doch an diesem Abend soll es einen kleinen Frieden geben, an diesem einen Abend in einer US-amerikanischen Soldatenbaracke, die im Osten von Reykjavík auf schlammigem Boden steht. Militärfahrzeuge und andere Autos parken im Matsch der Feldstraße, es hat viel geregnet in den letzten Tagen. Die Luft unter dem Blechdach riecht nach dem Rauch zahlloser Zigaretten, süßlich nach dem Parfum der Damen und dem Old Spice der Soldaten, Stimmengewirr ist zu hören, nervöses Lachen. Eine Anspannung, eine Erwartung lässt den Raum beinahe vibrieren, es fühlt sich an, als sei die Baracke aufgeladen. Jeder Platz ist besetzt, Hunderte sind gekommen, Militärangehörige und Zivilisten, und immer mehr drängen hinein.

Sie warten auf einen Weltstar, die Sängerin und Schauspielerin, den »Blauen Engel« und »die weitaus berühmteste Person, die jemals zu Besuch nach Island gekommen ist«, so steht es heute auf der Titelseite des *Morgunblaðið*.

11

Marlene Dietrich unterstützt die Truppen der Alliierten in ihrem Kampf gegen das Dritte Reich, im Auftrag von General William S. Key, dem Oberkommandierenden der US-Streitkräfte auf Island. Zwei Abende zuvor ist sie im Tripoli in der Innenstadt aufgetreten, dem größten Kino der Insel, um den Staatspräsidenten, Regierungsmitglieder und Botschafter verschiedener Nationen zu unterhalten. Sie war sogar in den wilden Norden der Insel gereist, in eine abgelegene Region, in die nur löchrige Schotterpisten führen, vermutlich die einsamste Station auf ihrer sechsmonatigen Tournee rund um die Welt. Um die Moral der amerikanischen Soldaten zu stärken, ist der Diva kein Weg zu weit, und ihr Besuch lässt die Isländer von einer besseren Zeit träumen.

Island ist besetzt. Überall auf der Insel, die keine eigene Armee unterhält, sind Soldaten mit schwerem Kriegsgerät postiert: Flugzeuge, Jeeps, Gewehre, Flaks, Fernmeldegeräte. Ungefähr 45 000 amerikanische, englische und norwegische Soldaten befinden sich auf der Insel, einem strategisch wichtigen Kontrollpunkt im Atlantik. In den Tälern wie an Berghängen sieht man ihre Wachposten, kann man ihre Manöver beobachten. Die Zeitungen werden zensiert, alle Sendungen des staatlichen isländischen Rundfunks kontrolliert. Rundfunksendungen von Europa können empfangen werden, auch die Reden Adolf Hitlers. Die Deutschen greifen aus der Luft an und aus der Tiefe des Ozeans. Es ist Herbst 1944 und der Krieg hat eine Wende genommen: Hitlers Truppen sind an allen Fronten auf dem Rückzug. In Osteuropa marschiert die Rote Armee immer weiter vor, Amerikaner und Engländer sind in der Normandie gelandet, Paris und Rom wurden bereits befreit und Luftangriffe zerstören die deutschen Großstädte.

Noch ist das Ende des Krieges nicht abzusehen, doch an diesem Abend im September sind die Bewohner Reykjavíks in Gedanken woanders. Alle Augen richten sich auf die Bühne in der Baracke.

Der Vorhang öffnet sich und eine blonde, engelsgleiche Frau erscheint: schlank und zart, mit Augen so blau wie das Meer an einem Sommertag. Sie trägt ein weißes, paillettenbesetztes Satinkostüm. Mancher Augenzeuge ihres Auftritts wird später erzählen, sich wie in einem Traum gefühlt zu haben oder als Statist in einem Kinofilm. Nach einem Moment der Stille schallt ein Jubel durch die Baracke, laut und frenetisch und frei, dann beginnt das Konzert. Ihre Stimme erfüllt den Saal, sie singt ihre Lieder, die jeder kennt, und sie spielt auf einer Säge. Höhepunkt des Abends ist ein Liebeslied, das an jedem Abend um 21:55 Uhr auch von der Radiostation der Wehrmacht in Europa gespielt wird und das Soldaten in allen Uniformen berührt, egal ob Alliierte oder Deutsche.

Den Text, ein kleines Gedicht, schrieb Hans Leip, ein zweiundzwanzigjähriger Gefreiter, in den Gräben des Ersten Weltkriegs, aus Sehnsucht nach seiner Geliebten. Propagandaminister Joseph Goebbels hatte das Lied verbieten lassen. Weil die deutschen Soldaten in zahllosen Feldpostbriefen darum baten, dass es wieder gespielt wurde, ließ Goebbels eine Einspielung in militarisiertem Stil aufnehmen: ein Liebeslied im Trommeltakt. So durfte es wieder gesendet werden – allerdings nur einmal täglich, abends um fünf vor zehn. Und alle hörten zu – Deutsche wie Alliierte, Freund und Feind, Männer, Frauen und Kinder in ganz Europa, auch die Soldaten an der Front südlich des Mittelmeers. Befehlshaber auf beiden Seiten erlaubten ihren Soldaten an manchen Tagen, eine Pause einzulegen, solange es gespielt wurde. Um 21:55 Uhr stoppte der Krieg für die Länge eines Liedes, dem Marlene Dietrich endgültig zu Weltruhm verhalf. Sie singt:

Vor der Kaserne
Vor dem großen Tor
Stand eine Laterne

Und steht sie noch davor
So woll'n wir uns da wiederseh'n
Bei der Laterne woll'n wir steh'n
Wie einst Lili Marleen.

Als die letzten Takte verklingen, nimmt der Beifall kein Ende. Zehn Tage lang bleibt Marlene Dietrich auf der Insel, und wohin sie kommt, begegnen ihr die Isländer wie einer Art Heiligen. Sie erhält Einladungen, auch zu einem festlichen Abendessen in das Haus der gut situierten Familie Þormar, ein weißes Bürgerhaus, nicht weit entfernt vom Stadtzentrum. Ein Presseoffizier der US-Truppen hat den Besuch vermittelt. Die Dietrich kostet den hausgemachten Rhabarberwein. An der Wohnzimmerwand hängt das Foto eines hübschen Mädchens.

»Wer ist sie?«, fragt Marlene Dietrich.

»Unsere Tochter Sigríður«, erklärt Mutter Þormar, »sie ist zwanzig Jahre alt und lebt in Amerika. Weihnachten wird sie zurück sein«.

Man plaudert über New York und Amerika und über die Zeit nach dem Krieg. Als die Schauspielerin das Haus verlässt, überreichen ihr die Gastgeber eine Flasche des hausgemachten Weins.

+++

14   Nicht weit entfernt, an einem Kai im Hafen, ist zur gleichen Zeit die Mannschaft der *Goðafoss* damit beschäftigt, die letzten Arbeiten vor dem Auslaufen zu erledigen. Das größte isländische Passagier- und Frachtschiff, der Stolz Islands, wie es manche nennen, soll sich einem Konvoi anschließen, der über den Atlantik dampft, Zielhafen New York. Auf der Liste der Passagiere, die dort zur

gefährlichen Heimreise nach Reykjavík einsteigen, steht auch der Name Sigríður Þormar. Das hübsche Mädchen vom Foto an der Wohnzimmerwand will nach Island zurückkehren.

Ein Weltstar auf kleiner Bühne: Die Auftritte der
Marlene Dietrich in Reykjavík versetzen die Insel-
bewohner in Verzückung.

Während ihres umjubelten Auftritts
im Kino Tripoli spielt die Filmdiva auf
der »Singenden Säge«.

Die Schauspielerin verzaubert das Publikum in der Militärbaracke.
Noch Jahre später spricht man auf Island von ihren Auftritten.

Während ihrer Zeit auf Island besucht Marlene Dietrich auch
die angesehene Familie Þormar. An der Wand hängt ein Foto
der Tochter Sigríður, das der Schauspielerin auffällt.

Blauer Engel im Kriegsdienst.

Sigríður Þormar gehört zu den
Passagieren, die auf der *Goðafoss*
die gefährliche Reise von New York
antreten.

NEW YORK

HAFEN PIER 14

1 ATLANTIK

Die *Goðafoss* liegt fest vertäut an der Kaimauer, in Rufweite der Reederei Eimskip. Zweiundsiebzig Meter lang ist das Schiff, 1921 in Kopenhagen und Svendborg gebaut, ein zuverlässiger, wenn auch langsamer Passagierdampfer, der vor dem Krieg oft nach Dänemark, England und Deutschland stampfte. Die *Goðafoss* gehörte zu den letzten Schiffen, die kurz vor Kriegsausbruch in Hamburg ausliefen. Zweiunddreißig Männer stellen die Besatzung; vor dem Krieg war das Schiff für siebenundsechzig Passagiere zugelassen, jetzt dürfen maximal vierzig Gäste an Bord. In den Kabinen der zweiten Klasse, achtern im Schiff, befinden sich nach Umbauarbeiten die Mannschaftsunterkünfte. Zuvor schliefen die Crewmitglieder gleich hinter dem Bug, doch dies scheint im Krieg zu gefährlich, für den Fall, dass das Schiff auf eine Mine läuft. Man hat den schwarzen Kiel der *Goðafoss* mit einer grauen Tarnfarbe gestrichen, um es U-Boot-Jägern schwieriger zu machen, sie in der Weite der See zu finden. Auch der Schornstein, früher weiß mit einem blauen Streifen, ragt nun grau in den Himmel. Immerhin hat der Kapitän, der auf diesen Streifen nicht verzichten wollte, darauf bestanden, an jener Stelle dunkelgraue Farbe auftragen zu lassen. Streifen soll Streifen bleiben.

Ein klein gewachsener, drahtiger Mann schlendert die Pier entlang und atmet die Luft des Hafens. Es riecht nach Tang, nach teergetränktem Holz und nach dem Leinen der Güterballen, die an den Schuppen stehen. Ein Dunst von Öl und Rauch steigt von den Militärfahrzeugen empor und das ewige Kreischen der Möwen liegt über dem Tag. Nicht weit entfernt sieht man berghohe Haufen unter großen Kohlekränen. Von der Faxaflói-Bucht weht eine kalte Brise herüber, die Wogen draußen an der Hafenmündung schäumen weiß. Im Hafen herrscht reger Betrieb. Der Preis für Fisch, das wichtigste Exportgut, ist so hoch wie lange nicht mehr. Es gibt praktisch keine Arbeitslosigkeit mehr im einst so armen Island, denn überall auf der Insel arbeiten die Einheimischen für die Truppen der Alliierten. Im Stadtzentrum pulsiert das Leben, am Tage wie am Abend; trotz des Krieges ist Optimismus zu spüren. Seit dem 17. Juni 1944 ist Island nach Jahrhunderten dänischer Herrschaft unabhängig, eine eigene Republik. Es herrscht eine gewisse Aufbruchstimmung: Vielleicht ist auch der Krieg bald beendet?

Der Seemann, der an der Wasserkante entlangspaziert, heißt Guðmundur Finnbogason und ist einundzwanzig Jahre alt. Er ist etwa in der Mitte der Pier angelangt, als ein Herr mit langen, eiligen Schritten auf ihn zusteuert, ein Mann in einem Frack, mit blank polierten Schuhen und einem Hut. Es ist der Arbeitsvermittler der Reederei Eimskip, ein wichtiger Mann im Hafen.

»Hör mal, Finnbogason, kannst du eine Fahrt auf der *Goðafoss* übernehmen? Der Kombüsengehilfe hat sich den Fuß gebrochen und das Schiff läuft heute Abend aus. Kannst du einspringen?«, fragt er.

Finnbogason muss nicht fragen, wohin das Schiff fährt. Als Seemann weiß er, dass sich die *Goðafoss* draußen in der Bucht einem Schiffskonvoi anschließen wird, um dann weiter nach Schottland und schließlich in einem anderen Konvoi nach Amerika zu dampfen. Und überlegen muss er auch nicht: Wenn ihm der Arbeitsvermittler, ein Mann mit Verbindungen, ein Angebot mit einer kaum versteckten Bitte unterbreitet, ist es ratsam anzunehmen. Finnbogason nickt. »Ist gut, ich hole meine Sachen«, murmelt er. Die Männer geben sich die Hand. Finnbogason dreht sich um und eilt davon, um sich reisefertig zu machen.

Guðmundur Finnbogason erinnert sich:

Ich genoss gerade meinen Urlaub und hatte eigentlich einen Stammplatz an Bord der Brúarfoss, *die kürzlich nach Europa abgelegt hatte. Mir gefiel es ausgesprochen gut an Bord dieses Schiffes. Die* Brúarfoss *war mein Zufluchtsort, die Leute auf ihr waren meine Kameraden. Als mich der Arbeitsvermittler bat, für einen Verletzten einzuspringen, überkam mich ein sonderbares Gefühl. Aber es war schier unmöglich abzusagen. Ich musste ihm diesen Gefallen tun. Ich lief in mein Zimmer im ehemaligen Kino Fjalaköttur und packte meinen Seesack.*

1940, also vier Jahre zuvor, war ich von Eskifjörður im Osten Islands nach Reykjavík gezogen, um Arbeit zu suchen, wovon es in der Hauptstadt jetzt reichlich gab. Zuerst hatte ich eine Stelle als Messejunge auf dem Ölschiff Skeljungur *angenommen, dann einige Zeit an Land verbracht, um mich der Malerei zu widmen, meiner Leidenschaft. Während ich bei einem Künstler lernte, traf ich einen jungen Mann, der Heizer an Bord des Frachters* Brúarfoss *war. Ich sprach einige Male mit ihm, morgens am Kai. Einmal sagte er zu mir, dass noch eine Stelle auf dem Schiff frei wäre. Ich sprach mit dem Smutje, fragte ihn, ob er Hilfe in der Kombüse gebrauchen könne. Er verneinte zwar, aber später stellte sich heraus, dass noch*

Der Hafen von Reykjavík erlebt während des Krieges einen Aufschwung.
Island ist strategisch wichtig. Truppen landen hier und Güter werden
umgeschlagen – und der Preis für Fisch ist so hoch wie lange nicht mehr.

Verwechslungsgefahr: Zur Flagge der
Reederei Eimskip gehört bereits seit
1914 ein Hakenkreuz. Auf dem Plakat
steht: »Alles mit Eimskip!«

»Reise mit Eimskip« – zur kleinen
Flotte gehört die *Goðafoss*, für manche
der Stolz der Insel.

Die *Goðafoss* in Kopenhagen.

Die *Goðafoss* vor den Landungsbrücken in Hamburg St. Pauli.
Das Schiff ist eines der letzten, die kurz vor Kriegsbeginn in Hamburg auslaufen.

Reykjavík, Hafenleben.

Die *Goðafoss* liegt in der Mitte des Kais Sprengisandur im Hafen
von Reykjavík, während Güter aus den USA gelöscht werden.

Auf der *Brúarfoss* fühlt sich Guðmundur Finnbogason wie zu Hause.
Die *Goðafoss* hingegen erscheint ihm unheimlich.

*jemand fehlte, der die Kohle für die Heizer aus dem Lager schaufeln
sollte. Der Dienst gefiel mir gut und ich mochte die Mannschaft auf
Anhieb; wir fuhren nach Großbritannien, Irland und in die Vereinigten Staaten. Für mich, einen Jungen aus den Ostfjorden, der zunächst niemanden an Bord kannte und noch nicht einmal die Vorge-
setzten siezte, war ein guter Umgang wichtig. Der Kapitän konnte
mich sehr gut leiden. Er hatte einen Sohn in meinem Alter, einen
Jungen, der auf einer Fahrt mit der* Brúarfoss *in die USA durchge-
brannt war, bevor ich an Bord kam. Der Junge fuhr seither auf einem
amerikanischen Schiff zur See und ging später damit unter.*

Wo war die Brúarfoss, *überlegte ich, während ich meinen Seesack packte? Wo waren die Jungs? Was sie wohl jetzt taten? Ich
wünschte mir, ich hätte keinen Urlaub genommen – dann wäre ich
nämlich noch immer an Bord der* Brúarfoss. *Ich vermisste meine
Kameraden. Seeleute sind abergläubisch und ich bin es auch. Ich erinnere mich noch genau: Als ich mit meinem Seesack zur Kaimauer
kam und die* Goðafoss *erblickte, bekam ich es mit der Angst zu tun.*

+++

Sommer 1943 +++ Im Norden Islands +++
Die Prophezeiung

Ein Überlandbus hält in Laufás, einem Dorf kurz vor Akureyri, der
Hauptstadt des Nordens. Es war eine beschwerliche Fahrt über pri-
mitive Schotterpisten. Oft mussten die Passagiere aussteigen und
den Bus schieben, wenn dieser wieder einmal festsaß oder es kaum
die steilen Hänge hinaufschaffte. Ein blonder junger Mann und
eine kleine Frau steigen aus: Arnar Jónsson, ein gelernter Koch, und
seine Mutter Eydís Jónsdóttir sind auf dem Weg zu einem Bauern-

hof. Die letzte Wegstrecke legen sie mit Pferden zurück. Mutter und Sohn, die in Reykjavík wohnen, statten einer Tante einen Besuch ab. Es ist ein schöner Sommertag; über den schneebedeckten Bergspitzen erhebt sich ein leuchtend blauer Himmel, der erfüllt ist vom Gesang der Vögel. Hier ist das Land der Wasserfälle und der heißen Quellen. Die Luft duftet im leichten Wind nach frisch gemähtem Gras, nach Birkenrinde und Heidekraut.

Arnar Jónsson arbeitet als Matrose auf der *Goðafoss*. Er ist Junggeselle und wohnt noch bei seinen Eltern, denn er sieht keinen Sinn darin, sein Geld für Zimmermiete auszugeben, weil er selten an Land ist. Seine Heuer ist beträchtlich, vor allem wegen einer Gefahrenzulage, die von Missgünstigen »Angstgeld« genannt wird. »Angstgeld«: Auf dem Atlantik riskiert jeder Seemann sein Leben. Tausende starben in den vergangenen Jahren durch Angriffe deutscher U-Boote. Eine Transatlantikreise der *Goðafoss* dauert zwei Monate oder länger; seit einiger Zeit ist das Schiff Jónssons Zuhause und der Besuch seiner Tante ist der erste Aufenthalt in Island seit mehr als zwei Jahren. Der Matrose Arnar genießt seine Ferien bei der Verwandtschaft auf dem Lande, er freut sich darüber, Zeit mit seinen Cousins und Cousinen zu verbringen. Eines Abends kommen die jungen Leute auf eine Idee: Sie planen ein übersinnliches Experiment.

Arnar Jónsson erzählt:

Wir beschlossen, eine Séance abzuhalten, eine spiritistische Sitzung. Auf dem Tisch lagen Buchstaben. Darauf stellten wir ein umgedrehtes Glas, auf das wir unsere Hände legten. Meine Tante und meine Cousine schienen Erfahrung darin zu haben, die Geister anzurufen. Ein Mann meldete sich. Er wolle unbedingt mit mir sprechen, teilte er uns durch das Glas mit. Árni hieß er, ein Freund des Pastorenehepaares im Dorf. Das Glas bewegte sich schnell zwischen den Buch-

staben auf der Tischplatte. Wir setzten sie zusammen. Die Stimme auf der anderen Seite wollte mit mir sprechen:

»Gehe nicht auf See, Arnar!«

Mir war, als fasste mir eine kalte Hand in den Nacken.

»Warum nicht?«, fragte ich.

»Du bist in Gefahr. Dein Schiff wird versenkt werden«, lasen wir.

»Welches Schiff?«

»Die Goðafoss. Nächstes Jahr, am zehnten Tag des Novembers. Um dreizehn Uhr.«

Ich war bestürzt und fragte weiter, ich wollte mehr wissen von Árni, dieser Stimme aus dem Jenseits, doch der Kontakt brach ab.

»Das ist doch ein verdammter Unsinn!«, sagte ich zu mir selbst. Ein Geist wollte mich von der Reise abhalten? Nein, das durfte nicht sein! Trotzdem schrieb ich mir das Datum auf einen Zettel.

Ich war bereits vor dem Krieg auf einem Patrouillenboot zur See gefahren, damals gerade sechzehn Jahre alt. Mein Vater, ein harter Kerl, arbeitete auf einem Fischdampfer und spornte mich an, wie er eine Seefahrtsschule zu besuchen, wegen der guten Perspektiven. Vor dem Krieg litt Island unter einer sehr hohen Arbeitslosigkeit. Vater war durch und durch Seemann, mit jahrelanger Erfahrung; wenn ich mir überlegte, die Seefahrerei wieder aufzugeben, schnauzte er mich an: »Nein, nein. Du gibst nicht auf«, sagte er bestimmt. Dann schaute er mir tief in die Augen und sprach: »Sei kein Feigling, sondern ein Held. Stelle dich nicht tot.« Er war ein ziemlicher Dickkopf, doch ich war es auch.

Ich fuhr nach Kopenhagen und ließ mich im Hotel D'Angleterre zum Koch ausbilden. Im April 1940 marschierte die Wehrmacht in Dänemark ein. Ich war erleichtert, dass ich, anders als viele Isländer, die in Skandinavien festsaßen, auf einem Passagierschiff nach Hause fahren konnte. Auf diesem fand ich Arbeit, denn ich heuerte gleich nach meiner Heimkehr für ein Jahr an; anschließend kam ich auf die

Goðafoss, zuerst als zweiter Koch, dann als Kaltkoch. Meine Auf-
gabe war es, jeden Mittag das kalte Büfett für die Passagiere, den Ka-
pitän und die Obermaschinisten anzurichten. Abends servierten wir
ein Viergängemenü wie im feinsten Hotel. Man lobte meine Speisen,
die ich von bekannten dänischen Meisterköchen erlernt hatte.

Für mich war es ein Abenteuer, in fremde Länder zu reisen, ob-
wohl sich während des Krieges nicht jeder auf einen Überseedamp-
fer wagte. Manche blieben nach ihrer ersten Reise gleich an Land
und gingen nicht wieder zurück an Bord. Sie hatten genug erlebt,
ertrugen nicht die Spannung und die Gefahren. Wie oft ich erlebte,
dass ein Schiff aus dem Konvoi torpediert wurde und sank? Wie oft
ich brennende Trümmer sah und Schiffbrüchige, die um ihr Leben
schwammen und um Hilfe riefen? Ich vermag es nicht zu sagen, es
geschah Dutzende Male.

Doch Angst? Angst kannte ich nicht, seltsam, habe ich in meinem
späteren Leben oft gedacht. Vielleicht waren wir einfach zu jung, um
Angst zu spüren. Junge Leute haben oft keine Angst, das ist ein
Fluch, aber manchmal auch ein Segen. Wenn ich zurückblicke, mag
ich es kaum glauben. Mir machte die Gefahr überhaupt nichts aus.

In den nächsten Tagen versucht Jónsson, die unheimliche Vorher-
sehung zu verdrängen. Er überlegt abzusagen, doch die Heuer ist
zu gut, die Kameraden warten auf ihn. Und trotzdem: Als er über
die Gangway an Bord geht, hat er den Zettel im Gepäck, auf den
er das Datum der Prophezeiung notiert hatte. Ganz wohl ist ihm

nicht, wird Jónsson später sagen. Aber welche Wahl hat er? Kann er
sich jemandem anvertrauen? Wer wird ihm glauben? Ist das nicht
alles Hokuspokus?

Er beschließt, sein Geheimnis für sich zu behalten.

+++

Liverpool ist eine schwer verwundete Stadt, die sich nur langsam von den deutschen Luftangriffen erholt, dem »Blitz«, wie sie es hier nennen. Das Hafengebiet ähnelt einer Trümmerlandschaft, zerstörte Schuppen, ausbrannte Lagerhallen überall, und über den Ruinen schweben Sperrballons, die Flugzeuge zum Absturz bringen sollen. Die einst so stolze Stadt am Mersey, das ehemalige Zentrum der Werften, leidet, und ihre Bewohner tun es auch. Hunger, Mangelwirtschaft, die Furcht vor weiteren Luftschlägen setzen der Bevölkerung zu. Die Stimmung eines Seemanns, der vor Kurzem erst aus Kriegsgefangenschaft nach England zurückgekehrt war, passt zur allgemeinen Tristesse. Thomas L. Reid, ein erfahrener Steuermann, der schon bis Australien fuhr, soll seinen Dienst auf einem Schiff beginnen, das ihm überhaupt nicht behagt: auf einem Tanker.

Reid ist groß gewachsen und hat dunkles Haar, ein Kerl wie ein Filmstar. Er soll auf der *Shirvan* Brennstoffe transportieren; eine gefährliche Aufgabe, denn auf die Nachschubschiffe der Alliierten haben es Deutschlands U-Boote besonders abgesehen. Kann er den Dienst quittieren? Das ist unmöglich, doch Reid spielt mit dem Gedanken, vielleicht auch deshalb, weil er ihm Trost spendet. Er hat sich in eine junge Frau verliebt:

Nie zuvor war ich auf einem Tanker gewesen, doch von jetzt an **33** *machte ich regelmäßig Fahrten zwischen Schottland und Island, mit Flugbenzin, das wir in Ardrossan an der Westküste Schottlands luden und in den Hvalfjörður im Westen Islands brachten. Wir fuhren im Konvoi, eine Vorsichtsmaßnahme. Eines der ersten Dinge, die der Obersteuermann zu mir sagte: »Reid, in die meisten Tanker*

wird Benzin mit hundert Oktan gepumpt. Benzin mit achtzig Ok-
tan kommt nur in den Haupttanker. Das eine ist Flugbenzin, das
andere Kraftstoff für Autos.«

Ich hatte keine Ahnung, was Oktan überhaupt ist, also fragte ich:
»Was ist der Unterschied?«

Seine Antwort: »Wir fliegen zweitausend Fuß höher in die Luft,
wenn ein Hundert-Oktan-Tanker explodiert.« Dann lachte er schal-
lend und schmutzig.

+++

16. September 1944 +++ Reykjavík +++
Torfis Traum

Schwarze Nacht liegt über dem Hafen, auf dem Wasser spiegeln sich die Lichter der Laternen. An der Pier stehen einige Angehörige, die sich verabschieden wollen: Väter, Mütter, Frauen, Geliebte, Kinder. In wenigen Minuten soll die *Goðafoss* ablegen und den Hafen verlassen, als ein Mann mittleren Alters über die Gangway kommt. Die Besatzungsmitglieder kennen ihn: Er heißt Torfi und war Jahre zuvor Heizer gewesen. Torfi, ein kräftig gebauter Kerl, sieht gehetzt aus, er wirkt nervös. Etwas scheint ihn zu bedrücken.

»Gut, dass ich euch noch erreiche. Ich muss mit euch reden«, sagt er zu zwei Matrosen. »Ich hatte in der letzten Nacht diesen Traum. Ich bin mir sicher, dass euch etwas geschehen wird.«

»Was hast du denn geträumt?«, fragen sie.

»Ich sah, wie Jón, der Heizer, im Wasser schwimmt. Ich sah, dass er um sein Leben schwimmt.«

»Aber Jón kann doch gar nicht schwimmen«, meint ein Matrose. Die Männer schweigen, einer zündet sich eine Zigarette an.

»Sonst noch eine aufbauende Nachricht?«, fragt jemand.

Dann machen sie sich wieder an die Arbeit, die letzten Vorbereitungen, bevor Kapitän Sigurður Gíslason das Kommando gibt: Leinen los!

Gíslason ist ein beliebter Kapitän, ein kantiger, sportlicher Mann, der in seiner Jugend ein guter Schwimmer war; er fotografiert und malt gerne und liebt es, mit seinem Motorrad über die Insel zu fahren. Er ist ein ungewöhnlicher Kapitän, einer, der keine Order befolgt, wenn sie ihm sinnlos erscheint. Gíslason ist bekannt für seine Großzügigkeit und Empathie, und für manche der jungen Matrosen ist er gewiss auch so etwas wie eine Vaterfigur.

Die *Goðafoss* legt ab und verschwindet in der Dunkelheit. Viele Heranwachsende sind an Bord, kaum achtzehn Jahre alt, der Jüngste ist vierzehn und heißt Stefán Skúlason, er ist der Kajütenjunge. Wie lange werden sie ihre Verwandten und Freunde nicht wiedersehen? Wann kommt die *Goðafoss* nach Reykjavík zurück? Niemand kann wissen, wie schnell sie den Schiffskonvoi in Schottland erreicht, wie das Wetter auf dem Nordatlantik sein wird, wie langsam der Konvoi über den Ozean dampft. Etwa drei Wochen dauert die Reise nach New York, wenn alles gutgeht. Nachrichten von unterwegs darf es nicht geben, aus Sicherheitsgründen. Für alle an Bord, für Passagiere, Besatzungsmitglieder, aber auch für alle, die sie zurücklassen, beginnt eine Zeit des Bangens. Doch bislang ist noch kein Schiff der Reederei Eimskip versenkt worden und es scheint fast, als liege eine schützende Hand über der *Goðafoss*. Vielleicht ist das Schiff, stets eines der kleinsten im Konvoi, auch einfach kein lohnendes Ziel für ein U-Boot, das nur eine begrenzte Anzahl Torpedos an Bord hat?

+++

36   Kapitän Sigurður Gíslason (links im Bild) mit Crewmitgliedern während einer Arbeitspause im Hafen
von New York. Der Kapitän ist wegen seiner ruhigen
und freundlichen Art sehr beliebt.

Ein Bild von einem Kapitän:
Sigurður Gíslason. In seiner Freizeit
schwimmt er gerne, malt und
fährt Motorrad.

Die *Goðafoss* legt in Reykjavík ab. »Werden Sie zurückkehren?«, ist ein Gedanke, der viele Angehörige und Freunde an der Pier beschäftigt.

Amerikanische Truppen sind im Hafen von Reykjavík angekommen.
Im Hintergrund erkennt man die weiß gestrichene Zentrale
der Reederei Eimskip.

Passagierfrachter als Postkartenmotiv: Die *Goðafoss* gilt
als der Stolz der Isländer und als Zeichen für die Entwicklung
der lange rückständigen Insel.

Einige Tage später, auf dem Nordatlantik: Die *Goðafoss* hat sich vor dem schottischen Loch Ewe wie geplant einem Konvoi aus knapp siebzig Schiffen angeschlossen, der unter dem Schutz einiger Kriegsschiffe Richtung Westen fährt. Sie ist eines der kleinsten Schiffe im Konvoi, wie meistens. Die Frachter steuern einen Zickzackkurs, aus Furcht vor U-Boot-Angriffen, und diese Manöver sind nicht einfach zu koordinieren, denn es gilt absolute Funkstille. Tagsüber verständigen sich Kapitäne und Steuerleute mit Flaggensignalen, nachts tauscht man kurze Lichtzeichen aus. Sobald die Dämmerung einbricht, werden alle Schiffe verdunkelt; kein Lichtschein darf aus einem Bullauge schimmern, um es möglichen Angreifern so schwer wie möglich zu machen, ein Ziel zu finden.

Gegen Mitternacht macht sich Baldur Jónsson, 21, mit zwei anderen Matrosen für die Brückenwache bereit. Seit zwei Jahren fährt er auf der *Goðafoss*, hat als Hafenarbeiter im Alter von dreizehn Jahren bei der Reederei Eimskip angefangen, wie schon sein Vater. Baldur Jónsson gilt als zuverlässig, als fröhlich und zuvorkommend, aber auch als jemand, der für seine Meinung einsteht. Er mag die Brückenwache nicht, vor allem nicht während der Nacht. Die Matrosen wechseln sich ab. Nach einer Stunde am Steuerrad geht man nach draußen auf die Nock, um Ausschau zu halten; ein Matrose ist vorne am Steven postiert, hockt manchmal auch oben im »Krähennest« auf dem Vordermast, um das Meer zu beobachten. Es ist eng im Ausguck, so eng, dass die Matrosen in schwerer See, wenn sich das Schiff stark auf die Seite neigt und rollt, das Gefühl überkommt, eingequetscht zu werden. Auf das Meer zu starren, ist eine ermüdende Tätigkeit.

41

Baldur Jónsson erinnert sich:

Besonders im Nebel galt es, wachsam zu sein, um nicht mit einem anderen Schiff aus dem Konvoi zu kollidieren. Wir Matrosen suchten die See ab, Stunde um Stunde. Im Konvoi selbst gab es zehn Schiffsreihen nebeneinander, fünf bis sieben Schiffe in jeder Reihe. Ein Konvoi konnte aus bis zu zweihundert Schiffen bestehen, geführt von einem Leitdampfer, der die Kursänderungen vorgab. Wenn ein Lichtsignal gesehen wurde oder sich sonst etwas tat, rief man das über die Kommandobrücke. Bei uns ging immer alles reibungslos vonstatten, nur auf einer Fahrt, bei der ich im Urlaub war, fiel der Bootsmann über Bord und ertrank – dieses Unglück nahm alle sehr mit.

Als Kind wollte ich unbedingt Kapitän werden. Zuerst begann ich als Leichtmatrose, aber als ich ein Jahr auf der Goðafoss verbracht hatte, wurde mir klar, dass die Seefahrerei auf Dauer nichts für mich wäre. Manchmal hatte man es einfach nur satt, diese Eintönigkeit, diese Langeweile. »Damit will ich mich nicht mein Leben lang beschäftigen«, dachte ich. Ich entschied mich, bis zum Frühjahr weiterzufahren, und wollte mich anschließend bei einem Elektrizitätswerk an Land ausbilden lassen.

Kein Lichtschimmer dringt hinaus in die Nacht. Alle Türen und alle Öffnungen sind mit schwarzen Vorhängen abgedeckt und an Deck ist sogar das Rauchen verboten. An Bord der Wachschiffe, der Korvetten und Zerstörer, achtet man genau darauf; sobald die Marinesoldaten einen Schein in der Nacht sehen, steuern sie den Frachter an und geben strenge Befehle: »Zuziehen, Licht löschen – augenblicklich!« Die Nerven aller Seeleute sind strapaziert. Es ist verboten, Fotos zu schießen. Kein Bild, keine Filmrolle, kein Stück Papier soll den Deutschen im Falle einer Havarie in die Hände fallen.

Ein Matrose der Nachtwache heißt Ingólfur Ingvarsson, ein gewissenhafter junger Mann, 21, der als besonders wortgewandt und als der beste Steuermann an Bord der *Goðafoss* gilt. Sein älterer Bruder und sein Vater fuhren ebenfalls zur See; nur mit knapper Mühe war es ihnen gelungen, kurz nach Kriegsausbruch mit der *Goðafoss* aus Deutschland zurückzukommen, weshalb der Vater entschied, dass sie nicht weiter gemeinsam zur See fahren sollten. Er wollte das Risiko vermeiden, dass beide auf ein und demselben Schiff ums Leben kommen könnten. Seine böse Vorahnung sollte sich bestätigen: Ingólfurs Vater starb an Bord eines Schleppers, der im Oktober 1940 in Fleetwood vor der Westküste von Großbritannien ankerte. Ein Frachtschiff, das auf dem Weg nach Liverpool vom Kurs abgekommen war, rammte den kleinen Schlepper. Zehn Besatzungsmitglieder ertranken. Die Familie Ingvarsson hatte die Trauer noch nicht überwunden, als sie der nächste Schicksalsschlag traf. Bjarni, Ingólfurs ältester Bruder, geriet im Dezember 1941 in ein schweres Unwetter. Kein Crewmitglied überlebte. Ingólfur muss nun für die Familie sorgen und Geld verdienen, für seine Mutter und drei jüngere Geschwister.

Auf der *Goðafoss* reisen auch Vater und Sohn einer anderen Familie. Pétur Már Haflidason, siebzehn, ist zum ersten Mal dabei, auch deshalb, weil er seinen Vater Haflidi Jónsson, den Obermaschinisten, auf dessen letzter Fahrt begleiten möchte. Der Vater, ein klein gewachsener Mann mit kantigem Kinn, wird sechzig – und muss in den Ruhestand gehen. Pétur möchte einmal selbst erleben, wie es auf dem »Abenteuerschiff« zugeht, und arbeitet auf dieser Reise als Heizer. Er ist der jüngste von drei Brüdern, die alle zur See fahren und die *Goðafoss* kennen. Eigentlich möchte der Junge nicht dieser Familientradition folgen; er beabsichtigt, das Gymnasium in Reykjavík zu besuchen, und spart für das Schulgeld. Seine Mutter ist gegen diese Reise. Sie hat nur widerwillig zugestimmt. Wie viele

Frauen, die Angehörige oder einen Geliebten auf der See wissen, kommt sie nicht zur Ruhe, solange die Männer unterwegs sind.

»Nur diese eine Reise«, beruhigt sie sich, »es wird nur diese eine Reise sein.«

Arnar Jónsson, der Kaltkoch, berichtet über die Gefahren auf See:

Manche nannten unsere Heuer, die doppelt so hoch war wie der normale Lohn, »Angstgeld«, und das stimmte, denn wir riskierten auf jeder Reise unser Leben. Am meisten fürchteten wir uns vor der Nacht, weil die Deutschen meist in der Dunkelheit angriffen. Wir erlebten, wie um uns herum die Schiffe versenkt wurden. Ich sah es immer wieder, ich sah es Dutzende Male auf meinen Reisen mit der Goðafoss. Gespenstische Szenen, die mich noch viele Jahre verfolgt haben, auch in meinen Träumen: Die größten Schiffe, meist mit Flugbenzin beladene Tanker, standen lichterloh in Flammen. Wir hörten die Explosionen, rochen das Feuer der Wracks. Auch das Meer brannte, das war ein unheimlicher Anblick. Ich sah Menschen sterben. Ich hörte ihre Schreie. Doch wir durften nicht anhalten, für Rettungsaktionen waren die Begleitschiffe zuständig.

Sollte für die Schiffbrüchigen noch ein wenig Überlebenshoffnung bestehen, kamen sie meist auf das so genannte Krankenschiff, das ganz hinten im Konvoi mitfuhr. An Bord wurden nur jene genommen, die im Wasser ein Lebenszeichen von sich gaben – die anderen blieben zurück. Das war furchtbar und setzte mir schwer zu. »Vielleicht wird das meine letzte Reise«, dachte ich jedes Mal, wenn wir ablegten – völlig gleich, ob von Reykjavík oder New York. So war es auch bei dieser Fahrt. Nachts lag ich meist komplett angezogen und mit Rettungsweste in meiner Koje – wenn ich sie nicht am Körper trug, hielt ich sie doch zumindest in der Hand. Wir wollten vorbereitet sein, falls etwas passierte. Ich verhielt mich immer sehr vorsichtig.

Nachts streunten Ratten durch das Schiff, riesige, schwarze Rat-
ten. Sie machten mich wahnsinnig. Wenn wir abends das Licht
gelöscht hatten, durchstöberten sie unsere Unterkünfte. Sie waren
überall. Manchmal liefen sie über meine Bettdecke. Ich hatte eine
unglaubliche Angst vor diesen Biestern. In New York kauften wir
gerne langes Graubrot, fast einen halben Meter lang. Wenn man
morgens in die Speisekammer ging, hatten es die Plagegeister der
Länge nach von innen aufgefressen. Fahrt für Fahrt versuchten wir
diese Kreaturen zu vergiften, jedoch ohne Erfolg.

Nicht nur die Nager setzen der Mannschaft zu. In den Sommer-
monaten ist es an Bord der *Goðafoss*, auf der es keine Klimaanlage
oder Lüftung gibt, unerträglich heiß. Alle Bullaugen stehen offen
und die Matrosen halten ein Stück Pappe hinaus, um den Fahrt-
wind zu nutzen und wenigstens eine leichte Brise abzubekommen.
Ältere Besatzungsmitglieder legen auch im Bett ihre Kleidung und
die Rettungsweste nicht ab, während die jüngeren die Gefahren
verdrängen und nur in Unterwäsche schlafen.

Trotz der widrigen Umstände ist die Stimmung an Bord gut. Die
Mannschaft kennt sich von vergangenen Reisen; Sigurður Gíslason
gilt als freundlicher, kompetenter und gütiger Kapitän, der Wert
auf ein familiäres Bordklima legt. Ein achtzehnjähriger Matrose namens Sigurður Guðmundsson, ein fröhlicher und neckischer Kerl,
ist für ihn eine Art Ziehsohn. Er hatte ihn bei sich aufgenommen,
als seine Mutter verstarb, und seine jüngere Schwester adoptiert.
Was die Männer zusammenschweißt: überstandene Gefahren, dra-
matische Momente, in denen es um Leben und Tod geht.

Sigurður Guðmundsson über eine Nacht auf dem Nordatlantik:

Die Ereignisse schwinden nur langsam aus meinem Gedächtnis.
Ich schob Brückenwache. Wir Matrosen gingen auf den Ausguck

Ein Schiffskonvoi auf dem gefährlichen Weg über den Atlantik. Es ist den Kapitänen verboten, im Falle eines Angriffs für Schiffbrüchige zu stoppen.

Arnar Jónsson erhält vor der Reise
mit der *Goðafoss* eine übersinnliche
Warnung.

Ingólfur Ingvarsson freut sich
als Jazz-Fan besonders auf die Bars
von New York.

Pétur Már Haflidason ist an Bord,
um seinen Vater, den Obermaschinisten,
auf seiner letzten Reise zu begleiten.

Sigurður Guðmundsson gilt als
Ziehsohn des Kapitäns.

Hafliði Jónsson, der Obermaschinist, wird nach der Reise in Rente gehen. Er ist sechzig Jahre alt.

Baldur Jónsson (links, mit Hut) arbeitet als Matrose auf der *Goðafoss*.

Obermaschinist Jónsson im Kreise seiner Söhne Pétur, Kristinn und Gísli (von links).

über dem Ruderhaus. Das Wetter war gut und die Nacht klar. Vor
uns waren viele Schiffsreihen, mindestens zwölf. Plötzlich begannen
diese unglaublichen Geräusche unmittelbar vor uns im Konvoi. Ein
Angriff! Bevor wir wussten, wie uns geschah, hatte ein U-Boot drei
Schiffe torpediert. Überall Feuer! Ein Flammenteppich loderte auf
der See. Als das dritte Schiff in die Luft flog, rief ich einem Matrosen
zu: »Das U-Boot hat nur noch ein Schiff vor sich, bevor wir an der
Reihe sind!« Er rief zurück: »Ja, wir können nur hoffen, dass es keine
Torpedos mehr hat. Sonst sind wir dran.« Wir Freunde bewahrten
die Ruhe. Manche Männer an Bord kamen damit nicht zurecht, vor
allem jene, die Familie hatten. Sie durchlitten furchtbare Ängste. Ich
empfand Mitleid mit ihnen.

Manchen an Bord ist eine permanente Niedergeschlagenheit an-
zumerken, besonders den Passagieren. Die Furcht vor Angriffen
aus der Tiefe bedrückt sie. Wenn ein Sturm aufzieht, schaukelt die
Goðafoss wild über die Wellen des Atlantiks. Vier Reisenden geht
es besonders schlecht und sie versuchen vergeblich, ihre Sorgen
und die Seekrankheit mit Alkohol zu betäuben. Andere Reisende
geben sich hingegen fröhlich und wollen die Zeit mit Spielen und
Plaudereien verkürzen. Höhepunkte im zähen Tagesverlauf sind
die Mahlzeiten, Menüs aus mehreren Gängen. Doch die Tage vergehen langsam und der Konvoi kommt nur mit wenigen Knoten
voran. Meile für Meile stampft das kleine Schiff Richtung Westen.

+++

Die See ist glatt wie ein Teller, als *U-300* zu seiner zweiten Feindfahrt ablegt und in den Atlantik hinausläuft. Kommandant Fritz Hein, erst vierundzwanzig, ein junger Mann mit weichen Gesichtszügen, den an Bord trotzdem alle »den Alten« nennen, hat Befehl, die Küste Islands anzusteuern, um dort Schiffe der Alliierten zu attackieren. Fünfzig Männer sind an Bord des Bootes vom Typ VII C, das in Bremen gebaut worden war; das Boot ist mit einem Schnorchel ausgestattet, der ähnlich wie das Periskop an die Wasseroberfläche ausgefahren werden kann. Das U-Boot muss nicht auftauchen, um Luft zu holen und die E-Maschine aufzuladen, kann monatelang unter Wasser bleiben und so die Gefahr verringern, entdeckt zu werden. Während der ersten Feindfahrt im Sommer war das Boot durch Beschuss aus der Luft stark beschädigt worden; unter anderem musste das Periskop ausgetauscht werden. Die Besatzung ist froh, unversehrt von dieser Feindfahrt, auf der man keinen Frachter und kein Kriegsschiff torpedieren konnte, zurückgekehrt zu sein.

Der Krieg auf dem Atlantik befindet sich in seiner entscheidenden Phase. Die Vorzeichen haben sich geändert. Aus Jägern sind Gejagte geworden: Die Verluste der deutschen U-Boot-Flotte sind enorm und die Situation verschlechtert sich mit jeder Woche. Durch neuartige Sichtfunkpeiler und Radargeräte, mit denen sie die Boote orten können, und durch neue Schiffe genießen die Alliierten eine deutliche Überlegenheit. Außerdem ist es der Royal Navy gelungen, den Schlüssel der deutschen Funkcodes zu knacken. 287 deutsche U-Boote werden allein im Jahr 1943 versenkt, drei von vier Besatzungsmitgliedern bleiben auf See. Die meisten Fahrten sind nichts anderes als Selbstmordkommandos; man nennt die Boote »eiserne Särge«. Aus Furcht vor Meutereien sieht

51

sich der Oberbefehlshaber der Marine, Großadmiral Karl Dönitz, sogar gezwungen, im Herbst 1943 einen »Erlass gegen Kritiksucht und Meckerei« herauszugeben: »Meckerer, die offen ihre eigene kümmerliche Einstellung auf Kameraden (…) übertragen, sind wegen Zersetzung der Wehrkraft unerbittlich kriegsgerichtlich zur Verantwortung zu ziehen.«

Zur Besatzung von *U-300* gehört Horst Koske, Jahrgang 1923, ein junger Funkmaat, groß gewachsen, athletisch, der aus Pillau in Ostpreußen stammt. Mit siebzehn ist er zur Marine eingezogen worden und findet sich nun auf einem U-Boot wieder.

Horst Koske erinnert sich:

Jeder wusste, wie groß die Verluste waren, und man suchte dringend Personal. Ich lernte auf der Nachrichtenschule in Flensburg, als man uns eines Morgens alle im Hof zur Musterung antreten ließ. Man suchte Freiwillige und man fand diese »Freiwilligen« auch, denn es lief so: »Wer ist verheiratet?«, schrie einer der Ausbilder. Die Verheirateten traten weg. »Wer ist kriegsbeschädigt?« Die Kriegsbeschädigten traten weg. Zweiunddreißig Männer blieben übrig. »Melde gehorsamst, zweiunddreißig Freiwillige melden sich zur U-Boot-Waffe!«, verkündete nun der Ausbilder.

Ich sage: Wir waren Versuchskaninchen, mehr nicht.

Unsere Ausbildung in Kiel und Swinemünde dauerte nur wenige Wochen und wir Funker übten mit Geräten, die teilweise aus Beständen der Luftwaffe stammten. Wie wir feindliche Flugzeuge aufspürten, brachte man uns überhaupt nicht bei, das Training mit dem neuartigen Schnorchel war oberflächlich und niemand bereitete uns darauf vor, wie wir mit der Feuchtigkeit an Bord klarkommen sollten. Es war kalt, es war feucht, und für Funker war es teilweise unmöglich, die Geräte zu bedienen. Zur ersten Feindfahrt liefen wir an einem Freitag aus, obendrein an einem dreizehnten. Auf den

52

Aberglauben von Seeleuten nahm man keine Rücksicht und als sich wenig später ein Heizer den Oberschenkel brach, wurde schon getuschelt, dass sich dies rächen werde. Als ob unser Alltag nicht schon schwer genug war.

Sechs Stunden dauerte eine Wache, dann hatten wir sechs Stunden frei, außer natürlich, wenn es Alarm gab, und Alarm gab es oft in den nächsten Monaten. Zu zweit teilte man sich eine Koje und wenn man sich hinlegte, war sie noch warm. Wie wir lebten, kann ich mir selbst im Abstand der Jahre kaum noch vorstellen. Zur Körperhygiene blieb uns eine Tasse destilliertes Wasser am Tag, eine Tasse zum Zähneputzen. Wir wuschen uns, wenn überhaupt, mit Meerwasser und mit einer Spezialseife. Jeder hatte mehrere Garnituren Wäsche mit, aber schon bald war klar, dass dies nicht reichen würde. Wir trugen stets dieselbe Kleidung, Tag und Nacht.

In der Enge des Bootes, 76,76 Meter lang und 6,76 breit, stand immerzu ein klebriger Schleier aus Dieseldunst, aus Schweißgeruch und Öl. Viele spürten beim Atmen Schmerzen in der Brust und der Lärm der Diesel und der Mangel an Luft und Licht raubte einem mit der Zeit die Nerven. Wir ertrugen es mit Humor, mit Witzchen und einer seltsamen Gleichgültigkeit. Ich erinnere mich aber noch genau, dass ich auf das Zähneputzen besonderen Wert legte, denn damit hatte ich das Gefühl, nicht zu verwahrlosen. Für uns Funker wurde die Feuchtigkeit zum größten Problem. Weil Strom kostbar ist auf einem U-Boot, wurden die Funkräume nicht beheizt – und wir kämpften mit Problemen und Ausfällen der Funk-, Horch- und Funkmessgeräte. Vor allem das Funkmessgerät musste stets einsatzbereit sein, damit wir wussten, ob uns feindliche Flugzeuge entdeckt hatten. Wenn wir das Gerät einschalteten, zischte und sprühte es, dass ich jedes Mal fürchtete, es würde mit einem lauten Knall platzen. Was wir auf der Schule gelernt hatten, konnten wir jedenfalls gleich wieder vergessen.

Horst Koske, der Funkmaat, war siebzehn Jahre alt, als er zur Marine eingezogen wurde. Auf *U-300* hat er mit technischen Problemen und der Nässe zu kämpfen, die zu Ausfällen der Geräte führt.

Fritz Hein ist erst 24 Jahre alt und ein junger Kommandant. Er gilt als distanziert, aber auch als ruhig und besonnen und ist bei der Mannschaft beliebt.

Die Besatzung von *U-300*. Fünfzig Männer leben monatelang auf dem 76,76 Meter langen Boot zusammen, unter schwierigsten Bedingungen. »Wir waren Versuchskaninchen«, sagt Horst Koske.

Jäger: Kommandant Fritz Hein geht an Bord von *U-300*.

Am 5. Oktober um 10:00 Uhr, so vermerkt der Kommandant im Kriegstagebuch, geht *U-300* auf Tauchfahrt. In den nächsten Monaten steigt das Boot nur kurz an die Oberfläche, um Müll zu entsorgen, den Standort zu bestimmen und einmal, um ein Flakgeschütz zu befestigen. Die meisten Mannschaftsmitglieder werden über Monate und über Tausende Seemeilen hinweg keinen Himmel, keine Sonne und keinen Mond sehen.

+++

9. Oktober 1944 +++ New York, USA +++
An Bord der Goðafoss

Passagiere und einige Mannschaftsmitglieder stehen an Deck, als die *Goðafoss* mit langsamer Fahrt durch den Cape-Cod-Kanal läuft und die Wolkenkratzer von Manhattan in Sicht kommen. Der Passagierdampfer macht an Pier 14 fest, und nun ist erstmals seit Wochen eine Euphorie an Bord zu spüren: Der erste Teil der Reise ist geschafft. Die Passagiere gehen an Land und die Mannschaft freut sich auf unbeschwerte Tage. Ausgestattet mit ihrem »Angstgeld« gehen sie ins Kino, besuchen Gaststätten wie das Iceland Restaurant, gehen einkaufen oder schlendern durch die Straßenschluchten. Ein beliebter Nachtclub, den die Männer ansteuern, ist das Copacabana, 10 East 60th Street, ein relativ neuer, aber bereits legendärer Treffpunkt für Nachtschwärmer. Sigurður Guðmundsson, der schon mehr als ein Dutzend Mal New York angelaufen hat, kennt sich aus: Im »Copa« hört er Frank Sinatra singen, bewundert einen Auftritt von Louis Armstrong oder staunt, als er Boxweltmeister Jack Dempsey begegnet. Manchem ist New York unheimlich, wie etwa dem Kombüsengehilfen Guðmundur Finnbogason, ein Junge vom Land. Zu gewaltig erscheint ihm die Stadt der Millionen, zu hektisch, zu verwirrend. Er wird später erzählen, froh gewesen zu sein, mit seinen Freunden am Ende einer Nacht im Taxi zu sitzen.

Kaltkoch Arnar Jónsson genießt jeden Tag und jede Stunde:

Als wir abends mit der Arbeit fertig waren, gingen wir aus, um uns zu amüsieren, wie das Jungen in diesem Alter eben tun. Man dachte nur von Tag zu Tag. War dankbar dafür, noch am Leben zu sein. Wir hatten genug Geld und konnten uns nach Belieben amüsieren – konnten viele Dinge kaufen, die wir zu Hause nicht bekamen, neue Schallplatten, feine Klamotten und andere Dinge, wie frisches Obst. Wir fühlten uns wie kleine Kinder im Spielzeugladen.

Weil ein Teil der Ladung verspätet eintrifft, liegt die *Goðafoss* länger als geplant an Pier 14 fest, im hektischen Hafen von New York, einem der wichtigsten Umschlagplätze für Waren und militärisches Gerät. Der Bedarf an Dockarbeitern ist so groß, dass sogar Insassen des berüchtigten Gefängnisses Sing Sing herangezogen werden. Es ist später Nachmittag, die Sonne steht tief, als Kapitän Gíslason den Befehl gibt, die Leinen loszuwerfen. In den Laderäumen: Getreide, Mehl, Textilien, Zigaretten, Materialien für ein neues Kraftwerk, das auf Island gebaut werden soll, sowie ein länglicher Holzkasten. Der Inhalt gehört Sveinn Björnsson, dem ersten, erst vor einigen Wochen gewählten Präsidenten Islands. Während seiner ersten Auslandsreise in die USA hatte er sich ein Auto gekauft. Eine Luxuslimousine der Marke Packard, vermutlich der kostbarste Gegenstand, den ein Isländer bis dahin besessen hat. Vor der Kiste steht ein Rettungsfloß, das größte von fünf, die es an Bord der *Goðafoss* gibt.

In dieser Luftaufnahme von New York City ist Pier 14,
die Anlegestelle der *Goðafoss*, mit einem Kreuz markiert.
Zur Wall Street ist es nicht weit.

New York City, »Stadt der Wunder«, steht auf der Postkarte aus
dem Zweiten Weltkrieg. Für isländische Seeleute, die von Dörfern
auf dem Lande kamen, traf es diese Beschreibung genau.

Ein Schlepper hilft der *Goðafoss*, an die Pier zu gelangen.

Auf dem Gipfel der Welt: Vier Besatzungsmitglieder der *Goðafoss* haben einen Ausflug auf das Empire State Building unternommen, damals das höchste Gebäude überhaupt. Loftur Jóhannsson, Kristinn Haflidason (der älteste Sohn des Obermaschinisten), Stefán Olsen and Árni Jóhannsson (von links).

Die Matrosen Sigurður Sveinsson, Baldur Jónsson, Jóhann Guðbjörnsson und Magnús Þorsteinsson (von links) genießen die Zeit in einer Bar von New York City. Mit ihrem »Angstgeld«, wie die Heuer auch genannt wird, können sie sich einige Getränke leisten.

Nur zwölf Passagiere treten die Reise über den Nordatlantik an. Von Deck beobachten sie, wie die Matrosen arbeiten und die Leinen zusammenräumen, wie sich das Schiff langsam von der Pier entfernt und an der Skyline von New York vorbeigleitet.

Eine junge Familie steht an der Reling, das Ärztepaar Friðgeir Ólason, einunddreißig, und Sigrún Briem, dreiunddreißig. Sie sind seit acht Jahren verheiratet und haben drei Kinder: Óli, sieben Jahre alt, Sverrir, zwei, und Baby Sigrún, gerade fünf Monate alt geworden. Die Kinder staunen über den majestätischen Anblick, den die Fassaden der Hochhäuser in der Abendsonne bieten. Friðgeir hat den Arm um seine Frau gelegt, sie hält den Säugling auf dem Arm. Sie sind eine glückliche Familie, obwohl es nicht einfach ist, den Alltag mit drei kleinen Kindern und einem Job an der Universität in Einklang zu bringen. Während sich Sigrún Briem auf Kindermedizin spezialisiert hat, promovierte Friðgeir in Ernährungswissenschaften; er gilt als aufstrebender Wissenschaftler, der in Harvard über den Einfluss von Vitaminen auf das Wachstum von Krebszellen referierte und ein Mittel entdeckte, das gegen eine Infektionskrankheit bei Lämmern wirkt. Um die Familie finanziell über die Runden zu bekommen, war Sigrún Briem in New York sogar als Ärztin in einem Krankenwagen mitgefahren; eine Tätigkeit, die Mut und Zähigkeit verlangt und für Frauen zu dieser Zeit ungewöhnlich ist. Ende 1940 zog das Ehepaar nach Winnipeg, wo Sigrún Briem als Assistenzärztin in einem Kinderkrankenhaus praktizierte; 1942 zogen sie nach Nashville, Tennessee, und danach weiter nach Boston, immer dorthin, wo sie Arbeit fanden. Warum wagen die jungen Eltern die gefährliche Reise? Warum warten sie nicht ab, warum vertrauen sie nicht darauf, dass der Krieg bald beendet sein wird? Warum gehen sie dieses Risiko ein?

Die finanzielle Situation der Familie ist angespannt, die letzten Reserven sind aufgebraucht und die Zeit des Studiums ist beendet.

Es ist an der Zeit, so empfinden es Sigrún und Friðgeir, einen neuen Lebensabschnitt zu beginnen, auf Island, in ihrer Heimat. Die vergangenen Jahre waren hart gewesen, zeitweilig hatten sie getrennt gelebt, zeitweilig ohne Óli, den Ältesten, den sie zuerst bei ihren Familien auf Island zurückgelassen hatten, weil sie nicht wussten, wie sie es schaffen sollten. 1941 hatte Friðgeir die Reise über den Atlantik gewagt, um seinen Sohn zu holen, damals, als es noch viel gefährlicher war, als Hitlers U-Boote sogar vor Long Island auf Grund lagen und Schiffe versenkten, die gerade aus dem Hafen liefen. Sie mussten eine Entscheidung treffen: Fahren sie mit der *Goðafoss?* Oder nehmen sie ein anderes Schiff einige Wochen später? Sie entscheiden sich für die *Goðafoss.* Sie wollen nach Hause, so schnell wie möglich.

Eine Schwangere und ihr kleiner Sohn William sind ebenfalls an Bord. Ellen Downey, eine in Norwegen geborene Isländerin, will das Baby in ihrer Heimat zur Welt bringen, weil sie den Ärzten in Reykjavík mehr traut. Ihr Mann William, ein amerikanischer Offizier, den sie auf Island kennengelernt hatte, kämpft mit den Truppen General Pattons in Frankreich.

Neben ihnen winkt eine hübsche, junge Frau Freunden an der Pier zu. Sie trägt ein elegantes Kleid, einen Hut und polierte Schuhe: Áslaug Sigurðardóttir, fünfundzwanzig, hat zwei Jahre in den USA verbracht, wie so viele Isländer, die für einige Zeit die Insel verlassen, weil sie überschaubar ist und man manchmal ausbrechen muss; im Winter studierte sie, während der heißen Sommermonate arbeitete sie in einem Kinderheim.

Áslaug Sigurðardóttir erinnert sich:

Es war, als wären alle meine Freunde und Bekannten nach diesen zwei Jahren gekommen, um mich zum Schiff zu bringen. In der Lehrerschule in New York hatte ich mich auf das Fach Pädagogik konzentriert, alles war ziemlich gut gelaufen. Obwohl ich keinen Abschluss gemacht hatte, beschloss ich nach langer Grübelei, zurück nach Island zu fahren. Meine Mutter war Witwe, wir Geschwister waren sechs bis sechzehn Jahre alt gewesen, als unser Vater starb. Ich hatte erfahren, dass eine meiner Schwestern, Mutter von zwei Kindern, ihren Mann im Krieg verloren hatte. Die anderen konnten ihr nicht helfen, weil sie in Dänemark oder im Osten der Insel wohnten. Mir gefiel es gut in den Vereinigten Staaten, keine Frage, doch ich spürte das starke Bedürfnis, nach Hause zu fahren, um zu arbeiten, um meiner Familie zu helfen. Meine Angehörigen waren nicht sicher, ob ich mit dieser Fahrt der Goðafoss nach Island käme. In meinen letzten Briefen hatte ich mich nicht genau dazu geäußert, wann ich mich aufmachen würde, aber meine Verwandten hatten zumindest eine Ahnung, dass ich bald käme. Es wurde Zeit.

Die Besatzung der Goðafoss bestand aus vielen ehrenwerten Männern, und als wir Passagiere zum Abendessen gingen, aßen der Kapitän und der Obermaschinist mit uns. Es gab eine üppige Mahlzeit, die am Tisch serviert wurde. Der Tisch war ziemlich lang und schmal. Nicht jeder Sitzplatz war besetzt, denn es war ja nur ein Dutzend Passagiere an Bord. Als wir uns setzen wollten, gab es einen freien Platz an der Seite vom Obermaschinisten Hafliði Jónsson. »Ich denke, ich werde mich zum Maschinisten setzen«, sagte ich und nahm bei diesem freundlichen Mann Platz, der bei Weitem älter war als ich. Dies sollte von da an mein Sitzplatz auf dem Weg nach Hause sein.

Sigríður Þormar, das hübsche Mädchen, nach dem sich Marlene Dietrich erkundigt hatte, gehört zu den Passagieren, ebenso wie Halldór Sigurðsson, ein junger Journalist, der in Minneapolis studierte; er ist Freund der Jazzmusik und kennt sich in der Metropole aus, hat einigen Mannschaftsmitgliedern das Nachtleben gezeigt.

Dr. Friðgeir Ólason. Er hat in Harvard studiert und gilt als aufstrebender Ernährungswissenschaftler.

Dr. Sigrún Briem, Mutter von drei Kindern. Damit ihre Familie finanziell über die Runden kam, fuhr die junge Medizinerin in New York in einem Krankenwagen mit.

64

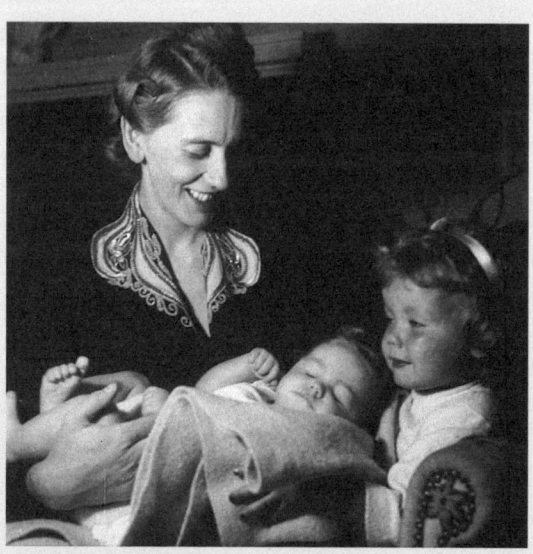

Sigrún Briem mit ihrem Baby Sigrún. Das Mädchen rechts im Bild ist eine Verwandte.

Familienglück: Friðgeir Ólason
und seine Söhne in einem Garten
in New York, wenige Stunden bevor
sie an Bord der *Goðafoss* Richtung
Island aufbrechen.

Friðgeir Ólason mit seinen Söhnen Sverrir und Óli.
Zurück in Island will die junge Familie, die finanzielle
Sorgen hat, ein neues Leben beginnen.

Ellen Downey und ihr Sohn William Jr.
Die in Norwegen geborene Isländerin
ist schwanger und möchte nach Reykjavík zurückkehren, um dort ihr Kind zur
Welt zu bringen.

Ellen Downey und ihr Mann William
Downey, ein amerikanischer Offizier,
in Reykjavík. Downey kämpft
mit den Truppen General Pattons
überall in Europa.

Áslaug Sigurðardóttir hat zwei
Jahre in den USA gelebt und zuletzt
in einem Kinderheim gearbeitet.
Sie will auf der *Goðafoss* nach Hause,
um ihre Familie zu unterstützen, die
einige Schicksalsschläge erlitten hat.

Der Journalist Halldór Sigurðsson, hier
mit einem Musiker in New York City, ist
ein begeisterter Jazz-Fan.

68

Halldór Sigurðsson verliebt sich
während der Reise der *Goðafoss*
in die hübsche Sigríður Þormar.
Das Paar steht oft an Deck und
beobachtet die Wellen.

Nun will er nach Hause, weil seine Mutter an Krebs erkrankt ist. Agnar Kristjánsson, neunzehn, Sohn eines Verpackungsunternehmers, befindet sich auf der Heimfahrt von einer Geschäftsreise. Er hat für seinen Vater eine neue Maschine gekauft. In den Stunden, als die Lichter von New York am Horizont verschwinden, sind alle allein mit ihren Gedanken. Die unbeschwerten Tage von New York, als die Gefahren der See so weit entfernt schienen, sind vorbei. Kombüsengehilfe Guðmundur Finnbogason, der kurzfristig und mit einem schlechten Gefühl als Ersatzmann aushalf, ist trotzdem froh, dass sich die *Goðafoss* auf dem Heimweg befindet. Er hofft, dass der Albtraum für ihn bald ein Ende hat, denn er fürchtet sich. Immer wieder beschleicht ihn ein seltsames Gefühl. Etwas stimmt nicht mit diesem Schiff.

Obwohl ich mich an das Schiff und die Leute gewöhnt hatte, war es wahrscheinlich an Bord der Brúarfoss *besser für mich – mein altes Schiff, das mit Fisch und Fleisch beladen von Island nach England, Schottland und Irland fuhr. Im Grunde war mir nicht wohl zumute, von jenem Augenblick an, als der Arbeitsvermittler der Reederei am Pier in Reykjavík auf mich zugekommen war. Ich weiß nicht, warum mich dieses Gefühl beschlich, aber wenn man auf einem Schiff gewesen ist, das man gut leiden kann, dann will man in dieser vertrauten Umgebung bei seinen Kameraden bleiben. Dies traf auf mich im Fall der* Brúarfoss *zu. Als ich an Bord der* Goðafoss *kam, kannte ich dort kaum jemanden. Während der Fahrt machte ich Bekanntschaft mit dem jungen Heizer Pétur Már Haflidason. Wir waren gemeinsam in New York an Land gegangen und Freunde geworden.*

Die *Goðafoss* stampft zwischen Dutzenden anderen Schiffen durch die Nacht auf dem Atlantik, als Kaltkoch Arnar Jónsson eine seltsame Beobachtung macht. Er liegt in seiner Koje und hört: nichts.

Kein Rascheln, kein leises Kratzen, er sieht keine huschenden Schatten. Als er am nächsten Morgen seinen Dienst in der Küche antritt, untersucht er die Brote im Vorratsraum. Keines ist angeknabbert, keines von innen ausgehöhlt. Brösel und kleine Stücke sind unberührt, kein Anzeichen von einer Ratte zu sehen: »Das verheißt vielleicht nichts Gutes«, denkt Arnar Jónsson. »Sind die Ratten alle an Land geblieben?« Während der Hinreise war es vorgekommen, dass der Steuermann Þorsteinsson, mit dem er sich die Kabine teilte, von einem großen Nagetier geweckt wurde; manchmal wurden die Männer vom Geklapper geweckt, das die Ratten auf den Essenstabletts der Nachtwache veranstalteten. »Wie ein Schlagzeugsolo« hatte sich das angehört. Und nun? »Was geht hier vor?«, fragt sich Arnar Jónsson und erinnert wieder die düstere Prophezeiung:

Schon bald nach dem Ablegen bekam ich Angst. Wegen der Abwesenheit der Ratten. Und wegen der Warnung, die mich vor einem Jahr beim Gläserrücken ereilt hatte. Es verging kaum ein Tag, an dem ich nicht an sie denken musste. Ich konnte niemandem erzählen, was in Laufás geschehen war. Vermutlich hätten mich meine Kameraden für verrückt erklärt. Außerdem gab es schon genug der Ungewissheit und Kriegsgefahren, mit solch beängstigenden Botschaften mochte ich die anderen nicht noch mehr verunsichern. Manchmal hatte ich einen merkwürdigen Traum. Würde ich diese Fahrt überleben? Käme ich wieder nach Hause? Einmal träumte ich, dass ich tot war – mein Körper lag in Reykjavík in einem Hof am Kino Stjörnubíó. Im Traum stand ich neben meinem eigenen Leichnam – mein Ich lebte noch und war in einen anderen Körper übergegangen. Als ich aus dem Traum erwachte, dachte ich: »Ich habe gelebt und trotzdem lag ich dort tot auf dem Boden. Sonderbar.« Danach sagte ich zu mir selbst: »Ja, wahrscheinlich komme ich

aus all diesem Schlamassel lebend davon. Wie auch immer der Krieg
ausgehen mag.« Dieser Traum gab mir Kraft.

+++

16. Oktober 1944 +++ Zwischen Schottland und Island +++ An Bord von U-300

Langsam kommt *U-300* voran, fährt immerzu unter Wasser, was eine Distanz von höchstens achtundsiebzig Seemeilen am Tag möglich macht. Es gibt Probleme mit dem Sehrohr, das auf der ersten Feindfahrt beschädigt und offenbar nicht richtig repariert wurde; es schwenkt unregelmäßig und bereitet dem Kommandanten Hein solche Sorgen, dass er vorübergehend an einen Abbruch der Feindfahrt denkt. Im Kriegstagebuch notiert er: »Will Auswirkungen der Reparaturen abwarten. Vorerst Weitermarsch.« Der »Rosengarten«, wie man das Seegebiet zwischen Schottland und Island nennt, ist für U-Boote ein gefährliches Terrain. Von einem großen Stützpunkt auf Island kontrollieren die Amerikaner das Gebiet aus der Luft und haben in den vergangenen Monaten zahlreiche U-Boote versenken können. Auch besteht die Gefahr, in das Netz eines Fischdampfers zu geraten. Wenige Wochen zuvor, Anfang August, war das Boot beinahe von Wasserbomben zerstört worden. Nur knapp konnte *U-300* entkommen. Welche dramatischen Stunden sich an Bord abspielten, beschreibt Funkmaat Koske:

71

Wir waren kurz aufgetaucht, um unseren Standort zu bestimmen,
als ein Flugzeug durch die Wolkendecke brach. Alarmtauchen! Drei
Fliegerbomben explodierten knapp neben dem Boot, wir wurden hin
und her geschleudert, ein furchtbares Geräusch, dumpfe Schläge,

knackendes Metall, das Boot fiel schnell und stieg ebenso schnell wieder auf, als die Tauchtanks ausgeblasen wurden. Wir schossen mit der Flak und das Flugzeug drehte ab, doch wir sahen, dass wir eine Ölspur hinter uns herzogen. Eine Ölspur, die unsere Verfolger immer wissen ließ, wo wir uns befanden. Zwei Tage später vernahm ich im Horchgerät Schraubengeräusche. Vermutlich von zwei Korvetten, die uns suchten. Erst war das Geräusch, das wie ein gleichmäßiges Schlagen klang, leise, dann schwoll es an. Sie kamen näher. Sie warfen Wasserbomben, Serien von vier, die in der Nähe hochgingen. Wir durften nicht mehr sprechen, nichts unternehmen, das irgendein Geräusch verursachen konnte, auch das Benutzen der Toilette war verboten.

Die Stunden vergingen. Sie bliesen die Suche nicht ab. Im Boot wurde der Sauerstoff knapp, wir atmeten durch Kali-Patronen. Kommandant Hein ordnete an, dass alle ruhen mussten; jeder legte sich hin, wo Platz war. Es war kalt, wir wickelten uns in Wolldecken. Acht Stunden, dann wurden die Intervalle zwischen den Bombenabwürfen länger. Die Luft war fast aufgebraucht. Jemand ging durchs Boot, um alle anzustupsen. Wer nun einschlief, wachte nie wieder auf. Hein ließ eine Selbstversenkung vorbereiten, Schlauchboote standen in der Zentrale bereit. Wir tauchten auf. Ich schaltete das Funkortungsgerät ein.

Auf dem Wasser lag Nebel, wir freuten uns darüber. Die Frischluft zog wie eine weiße Wolke ins Boot, ich erinnere noch genau dieses Bild. Einige, die standen, fielen in Ohnmacht. Ich befand mich

im Funkraum, als einer von dreien, die auf Wache bleiben mussten, und zitterte am ganzen Körper. Erst nach einigen Minuten wurde es besser. Zum Glück ergaben die Ortungen, dass unsere Jäger aufgegeben hatten. Wir atmeten auf.

+++

Tag um Tag vergeht, der Konvoi kommt mit langsamer Fahrt voran. An Bord versuchen Passagiere und Mannschaft, so gut wie
möglich mit dem Nervenspiel umzugehen. Abwechslung in der
Monotonie der Tage kommt besonders aus der Kombüse, denn
die Köche bemühen sich, Leckereien zu servieren. Der Kombüsengehilfe Guðmundur Finnbogason kennt einige Passagiere, die in
New York eingestiegen sind.

Ellen Downey hatte in Island im Schuhgeschäft eines Bekannten ge-
arbeitet. Wenn ich das Nachtmahl für die Wache um vier Uhr bereit-
stellte, ging ich häufig zu ihr und ihrem Sohn und brachte ihnen
etwas zu essen. Ellen Downey war mit ihrem zweiten Kind schwan-
ger, eine Stärkung tat ihr gut. Sie war auf dem Weg nach Island, um
dort das Baby zu gebären. Ich hatte auch ein gutes Verhältnis zu Sig-
ríður Þormar, kannte die junge Frau aus den Ostfjorden. Wir spra-
chen viel über das Leben in Ostisland und auch über den Krieg. Wir
wurden uns darüber bewusst, dass der Krieg schon lange andauerte.
Die Offensive der Deutschen konnte aber nicht länger anhalten. Die
U-Boote versenkten nicht mehr so viele Schiffe auf dem Ozean. Wer
ständig an die Gefahren des Krieges dachte und dabei nervös wurde,
war an Bord eines Schiffes fehl am Platz. Da war es besser, gleich an
Land zu bleiben und sich nicht zu quälen. Und wir redeten uns ein,
dass ein Schutzengel über die isländischen Schiffe wachte.

73

Wer nicht arbeitet, plaudert über dieses und jenes, diskutiert über
die Entwicklung des Krieges und spielt Karten. Guðmundur Árnason, der Kellner, vertreibt den anderen die Zeit, indem er Ge-
schichten erzählt. Isländer haben immer Themen, über die sie mit

Landsleuten reden können. Isländer lieben den gepflegten Tratsch. Fast jeder hat jemanden im Freundes- oder Familienkreis, der jemanden aus dem Umfeld des anderen kennt, und diese Neuigkeiten müssen geteilt werden. Wirkliche Anonymität gibt es nicht und auch kein Klassendenken: An Bord der *Goðafoss* setzt sich der Kapitän wie selbstverständlich an den Tisch der Matrosen, plaudert das Kindermädchen mit dem Obermaschinisten und witzelt der Steuermann mit dem Ärzteehepaar. Die niederen Mannschaftsränge sind zwar gehalten, so wenig Zeit wie möglich mit den Passagieren zu verbringen, doch auf Etikette wird weit weniger geachtet als auf den Passagierdampfern anderer Reedereien.

In New York sind neue Schallplatten an Bord gekommen. Beliebt ist es, das Lied »Stardust« von Nat King Cole auf einem handbetriebenen Grammofon abzuspielen, was das ganze Schiff mit Musik erfüllt. Halldór Sigurðsson zeigt eine Autogrammkarte von Duke Ellington, die er in einem Jazzklub von Manhattan ergattert hat. Was niemand an Bord weiß: Sigríður Þormar und er sind verliebt. Manchmal stehen sie an Deck, geschützt hinter dem Aufbau, halten sich an den Händen und sehen auf den Ozean. Sie freuen sich auf ihre Familien, ihre Freunde, aber auch darauf, gemeinsam in die Zukunft zu sehen. Abends läuft im Salon immer wieder auch »Lili Marleen«, das Lied, das Marlene Dietrich während ihres Auftritts in der Baracke von Reykjavík sang.

Vor der Kaserne
Vor dem großen Tor
Stand eine Laterne
Und steht sie noch davor
So woll'n wir uns da wiederseh'n
Bei der Laterne woll'n wir steh'n
Wie einst Lili Marleen.

Die Passagiere bemühen sich, ihre Furcht, die immer greifbar ist, nicht zu zeigen. Áslaug Sigurðardóttir, die »Nanny«, spielt gerne mit den Kindern des Ärzteehepaars, vor allem mit Óli, dem ältesten der drei Kinder:

Ich hatte eine bange Ahnung auf dem Weg nach Island. Bei der Reise nach Amerika zwei Jahre zuvor hatte ich vom Schiff aus häufig Feuerblitze gesehen, von denen ich zunächst nicht wusste, was sie bedeuteten. Als ich hinunter in den Maschinenraum ging, um mich umzusehen, empfand ich das offene Feuer als furchteinflößend – man blickte in die lodernden Kessel, die Goðafoss war ja ein Dampfschiff. Die Heizer standen dort verschwitzt und schmutzig, sie schaufelten emsig Kohle. Es war mir nicht bewusst gewesen, dass das Schiff von Feuer angetrieben wurde. Abends musste alles dunkel sein. Die Dunkelheit hatte auch ihren Charme, wenn man draußen das Deck betrat. Ich ging gerne hinaus, spähte über die Reling und blickte auf das Wasser hinunter. Zum ersten Mal sah ich das Meeresleuchten. Kein Licht störte.

Es machte mir Vergnügen, beim Obermaschinisten Hafliði Jónsson zu sitzen und in seiner Freizeit mit ihm zu plaudern. Er war ein angenehmer Mann und kannte viele meiner Verwandten im Westen der Insel. Er musste nicht immer Wache im Maschinenraum halten und oft, wenn ich tagsüber in seiner Kajüte zu Besuch hereinschaute, begleitete mich Óli, der ältere Sohn des Ärzteehepaares. Unsere Kajüten lagen nicht weit auseinander, die Gänge waren schmal. Wenn ich einen Spaziergang an Deck oder durch das Schiff machte, nahm ich den Jungen häufig mit. Ich vertrieb mir mit dem kleinen Óli die Zeit auf dieser langen Reise, wir plauderten viel zusammen.

Der Matrose Baldur Jónsson macht sich nichts aus Träumen, und um die verschwundenen Ratten, die seine Kameraden beschäftigen,

Die *Goðafoss* in rauer See auf dem Nordatlantik.
Am Tag zuvor hat ein Brecher ein Rettungsboot aus der
Aufhängung geschlagen – deshalb sind die Davits leer.
Ein Bootsmann wurde beim Versuch, das Boot zu retten,
ebenfalls mitgerissen. Er ertrank.

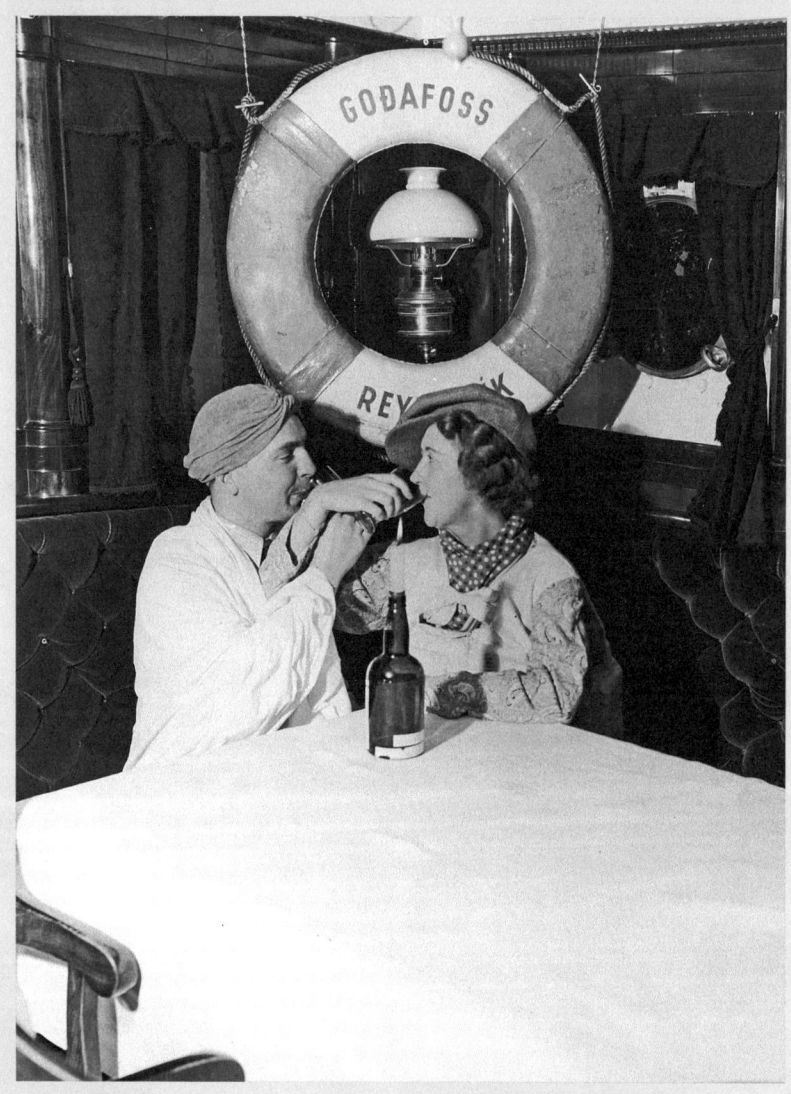

78

So unbeschwert wie auf diesen Werbeaufnahmen der Reederei Eimskip
geht es an Bord der *Goðafoss* nicht zu. Die Passagiere vertreiben sich mit
Spielen und Plaudereien die Zeit. In New York sind neue Schallplatten
an Bord gekommen. Beliebt ist es, das Lied »Stardust« von Nat King Cole
auf einem handbetriebenen Grammofon abzuspielen, was das ganze
Schiff mit Musik erfüllt.

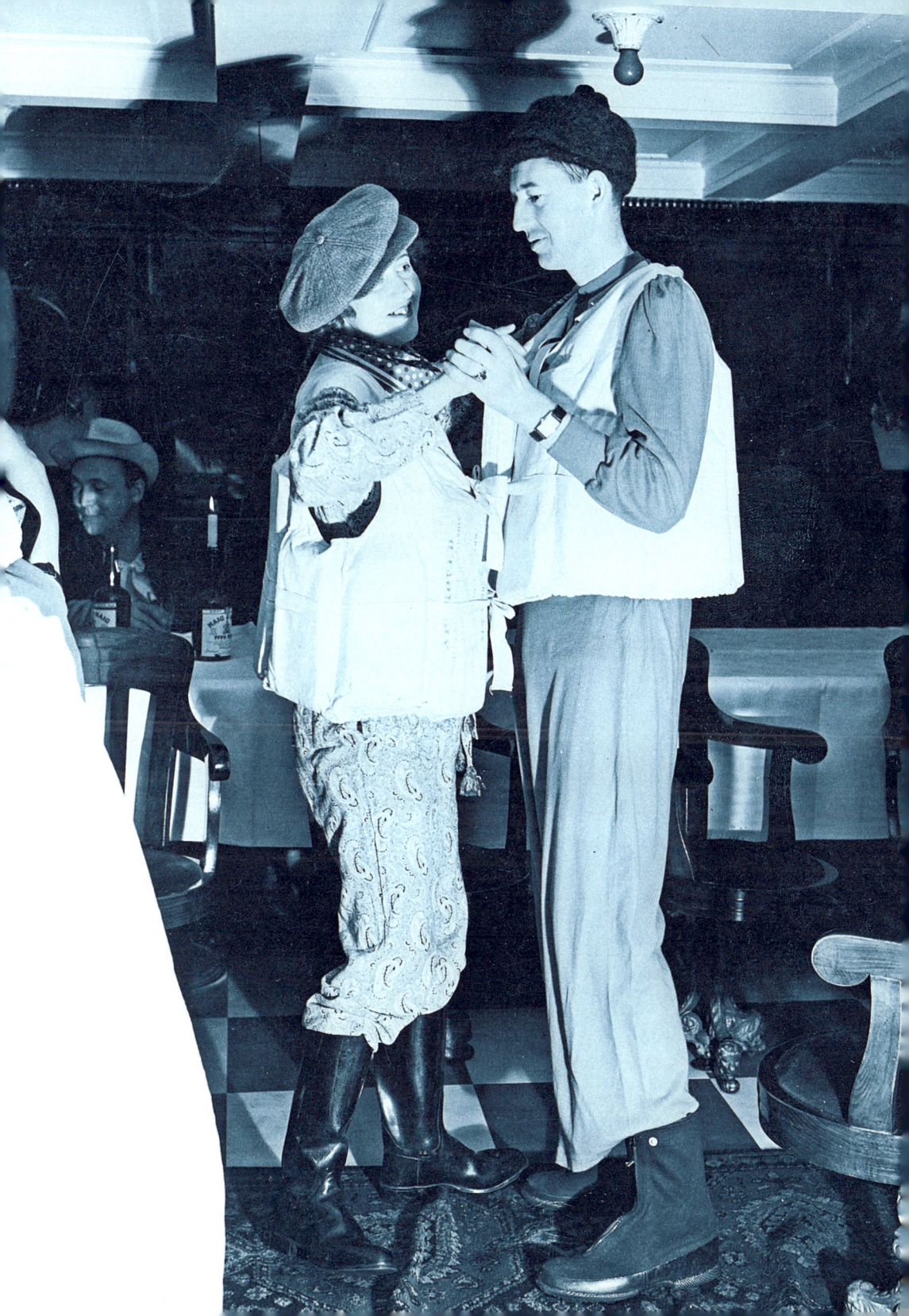

Reklamebild der Reederei Eimskip. Eine echte Feier gibt es an Bord des Schiffes, als es die Küste Schottlands erreicht und alle an Bord glauben, den gefährlichsten Teil der Reise überstanden zu haben. Obendrein feiert der Obermaschinist seinen sechzigsten Geburtstag.

schert er sich auch nicht. Jónsson kann nach den Erlebnissen, die er auf anderen Reisen der *Goðafoss* erlebt hat, kaum noch etwas aus der Ruhe bringen. Auf seinen Wachen denkt er darüber nach, welche Überlebenschancen es wohl im Falle eines Torpedotreffers gibt:

Bei meiner ersten Fahrt, die ich mit der Goðafoss *westlich über den Ozean unternahm, wurde eines unserer Geleitschiffe, eine Korvette, versenkt. Es geschah, wie soll ich sagen: unspektakulär. Es gab keine laute Explosion. Und die Flammen sahen eigenartig aus, das Feuer brannte besonders hell, so schien es mir, fast weiß, nicht gelblich oder rot. Ich fand das seltsam. Von zehn Schiffsreihen befanden wir uns ganz außen. Gegen Mittag wurde das erste Schiff abgeschossen, kurz danach ein weiteres und schließlich wurde ein Frachter direkt neben uns torpediert. Innerhalb kürzester Zeit versanken fünf Schiffe! Mich wunderte auch, dass die Kriegsschiffe, die uns schützen sollten, nicht eine Wasserbombe warfen. Die Deutschen hatten es offensichtlich auf die größeren Öl- und Versorgungsschiffe abgesehen. Wer einen Konvoi aufstellte, ordnete die kleinen Schiffe wie die* Goðafoss *eher außen im Konvoi an. Diese Erkenntnis beruhigte mich: Solange die* Goðafoss *keinem Torpedo in den Weg kam, erschien es mir eher unwahrscheinlich, dass sie als Ziel ausgesucht wurde. Dennoch musste man jederzeit damit rechnen, dass es zum Beschuss kam. Ich überlegte: Wenn man sich nicht verletzte, hätte man bei einem Angriff auf das Schiff Möglichkeiten, rasch ins Freie zu kommen und den direkten Einschlag zu überleben. Ich machte mir Gedanken über den Tod, aber ich fand nichts Schlimmes daran. Ich stellte ihn mir erträglich vor.*

+++

Bereits seit einigen Tagen kreuzt *U-300* nun vor der Südwestküste Islands und kommt dabei zeitweilig dem Militärstützpunkt Miðnesheiði bei Keflavík nahe. Offenbar rechnen die Alliierten nicht damit, dass sich ein deutsches U-Boot so nah an die Küste heranwagt. Es bleibt vorerst unentdeckt. Die Mannschaft leidet darunter, dass bei Wellengang die Luftklappe des Schnorchels dichtgeht und Abgase der Dieselmaschine ins Innere gelangen. Wenn die Männer aufwachen, sind ihre Augen und ihre Nase geschwärzt. Unterdruck im Boot führt zu starken Kopfschmerzen; Funkmaat Koske beschreibt es später als »ein Gefühl wie ein Luftballon, der jederzeit platzen kann.« Durch das Waschen mit Meereswasser haben manche Besatzungsmitglieder Probleme mit der Haut; nach einigen Wochen an Bord wäscht sich niemand mehr. Die Gerüche versucht man, mit Kölnisch Wasser einigermaßen erträglich zu halten. Bärte wuchern in den blassen, fahlen Gesichtern, und wem nur ein »Kinderwuchs« sprießt, muss sich den Spott der Kameraden anhören. Es ist kalt an Bord, so kalt, dass sich Horst Koske im Funkraum in Decken wickelt:

In der feuchten Luft schimmelten die Lebensmittel schnell. Zwar hatten wir von der Marinebäckerei in Kiel Brot in Spezialpackungen erhalten, doch als wir sie öffneten, stellten wir fest, dass es verdorben war. Der Proviant lagerte in einer der beiden Toiletten an Bord, die man aus Platzmangel zum Lager umfunktioniert hatte. Überhaupt, die Toiletten: Wir durften sie nur bis zu einer gewissen Wassertiefe benutzen und bei Verfolgungen überhaupt nicht. Vor Island wurden wir oft verfolgt. Ich erinnere mich an Leibschmerzen, an furchtbare Bauchleiden, und wenn es gar nicht anders ging, mussten wir Munitionsbehälter zweckentfremden.

83

Am frühen Morgen um 03:20 Uhr erspäht die U-Boot-Besatzung ein Schiff in der Faxaflói-Bucht, das sie für einen großen Schlepper oder ein kleines Transportschiff hält. Ein Angriff wird verworfen. Im Licht der Dämmerung, kurz nach sieben Uhr, hören sie Dieselgeräusche. Durch das Periskop ist ein abgedunkeltes Schiff zu sehen, ein Frachter. Kommandant Fritz Hein gibt Befehl zum Angriff. Ein Torpedo wird vorbereitet und aus Rohr drei mit Kurs 175 Grad abgeschossen. Zunächst behält der Torpedo die Richtung, dreht dann aber nach Backbord ab. Ziel verfehlt! Die Besatzung des Frachters, der weiter durch die Nacht dampft, weiß nicht, wie knapp sie soeben dem Untergang entgangen ist. Drei Stunden später, die Sichtverhältnisse sind gut, geht *U-300* auf Periskoptiefe. Dann sind auf Steuerbordseite Explosionsgeräusche zu hören. Wasserbomben?

U-300 taucht ab in die Tiefe.

+++

5. November 1944 +++ Loch Ewe, Schottland +++
An Bord der Goðafoss

Mit jeder Seemeile, die die *Goðafoss* weiter in Richtung der Heimat kommt, wächst das Vertrauen an Bord. Der Konvoi kommt nur mit wenigen Knoten voran, denn man fährt nur so schnell wie das langsamste Schiff im Tross. Am ersten Tag des Novembers sehen die Passagiere erstmals wieder Land, die grünen Hügel von Schottland liegen im Nebel vor ihnen. Die *Goðafoss* und der ganze Konvoi haben es wohlbehalten über den Atlantik geschafft! Viele Schiffe drehen Richtung Glasgow ab, doch die *Goðafoss* steuert zuerst einen Liegeplatz vor der Hafenstadt Oban an. Zwei Tage liegt sie vor Anker; die Passagiere sehen sehnsüchtig hinüber zum Hafen, zum Leuchtturm und zu der Zitadelle auf dem Hügel über der Stadt. An Land gehen dürfen sie nicht. Die *Goðafoss* dampft weiter in Richtung Norden, in den Loch Ewe, eine geschützte Meeresbucht, die sie am Abend des 5. November erreicht. Schottlands Berge schimmern bläulich im Mondlicht. Kapitän Sigurður Gíslason erteilt Befehl, wieder den Anker fallen zu lassen; hier soll das Schiff auf den nächsten Konvoi nach Island warten. Wer durch die Bullaugen in Richtung Land späht, erblickt ein altes Schloss und sieht Schafe.

Eine festliche Stimmung liegt über der *Goðafoss*. Dreiundvierzig Isländer wollen sich einen schönen Tag machen, nachdem der gefährlichste Teil der Reise vorbei zu sein scheint – einunddreißig Besatzungsmitglieder und zwölf Passagiere, davon vier Kinder. Chefkoch Sigurður Oddson, Kombüsengehilfe Guðmundur Finnbogason, Kaltkoch Arnar Jónsson und Steward Frímann Guðjónsson haben leckere Köstlichkeiten zubereitet. Der Grund: Obermaschinist Hafliði Jónsson verabschiedet sich in den Ruhestand. Heute ist sein sechzigster Geburtstag und dies ist seine letzte Fahrt, seine letzte Tour für die Reederei Eimskip. Wer diese Altersgrenze erreicht, darf nicht mehr auf See gehen. Kellner servieren Getränke und Speisen, ein Passagier holt seine Geige hervor. Man singt und tanzt und lacht, man stößt an mit Brennivín, dem Nationalgetränk Islands, einem milden, klaren Schnaps.

Pétur Már Haflíðason, der Sohn des Gefeierten, ist stolz auf seinen Vater. Er ist froh, die Reise angetreten zu haben und dabei zu sein. Vater hat seinen Ruhestand gut vorbereitet und den Kauf einer kleinen Insel besiegelt. Dort will er ein Haus errichten, um die Sommer mit seiner Frau und den Söhnen zu verbringen. Er plant außerdem, mit dem Pferd durch das Land zu reiten und Freunde und Verwandte zu besuchen. Daheim in Reykjavík sitzt derweil Hafliði Jónssons Frau Halldóra Helgadóttir gedankenversunken am Tisch. Obwohl der Winter bald kommt, ist das Wetter ungewöhnlich schön; die Strahlen der Sonne erhellen die Hauswände und der Himmel scheint so tief und so blau wie der Atlantik. Unvermittelt sagt die Mutter zu ihrem Sohn Gísli, der gerade zu Besuch hereinkommt: »Ich hätte den Jungen nicht gehen lassen sollen.« Sie denkt an ihren Jüngsten, an Pétur. Knapp zwei Monate sind nun vergangen, seitdem die *Goðafoss* auslief, seit knapp zwei Monaten vermisst sie ihren Mann und ihr Kind. Ihre Sorge wird nicht geringer. Noch ist es nicht geschafft.

Auf der *Goðafoss* hingegen genießt man eine kleine Euphorie, ein Gefühl, das Schlimmste, den längsten Abschnitt der Reise überstanden zu haben. Zwar hat man gerade knapp einen Konvoi verpasst, der nach Island laufen soll, und muss nun einige Tage warten, bis genügend Schiffe versammelt sind, um einen neuen zu starten. Doch das scheint nur eine Kleinigkeit zu sein, kein wirkliches Problem. Obendrein gibt es keinerlei Nachrichten von U-Boot-Angriffen vor der Küste Islands. Áslaug Sigurðardóttir spürt, wie die Mannschaft nach der Ankunft im Loch Ewe auflebt:

Ein Tag war wie der andere auf dem Schiff vergangen, aber nachdem wir im Loch Ewe angekommen waren, wurden Feste gefeiert. Es war, als wäre manch einer zu neuem Leben erweckt worden, zumal einige mehr oder weniger seekrank waren und im Bett lagen. Wein wurde kredenzt, die Leute waren erstmals erleichtert. Unterwegs auf dem Ozean hatte mir Hafliði Jónsson von seinem Traum erzählt. Er hatte geträumt, dass er zum Büro der Reederei Eimskip gegangen wäre. Als er wieder herauskam, bemerkte er, dass er seinen Hut drinnen vergessen hatte. Er wollte den Hut holen, doch alle Türen waren fest verschlossen. Diesen Traum deutete er dahingehend, dass dies sicherlich seine letzte Fahrt sein würde. Jónsson hatte gehofft, vielleicht mit einer Ausnahmeregelung weiter zur See fahren zu dürfen. Aber nach diesem Traum war es für ihn klar, dass es zu Ende ging.

Kapitän Sigurður Gíslason setzt mit einem Boot an Land über. Ein britischer Marineoffizier erklärt ihm in einer Art Schnellkursus, wie man einen Konvoi führt – denn die *Goðafoss* soll nun das Leitschiff sein, hinter dem mehrere Frachter nach Island dampfen. Die Briten schenken ihm bei dieser Gelegenheit einen warmen, gefütterten Mantel; der Kommandant eines Schiffskonvois soll schließlich tadellos bekleidet sein, wenn er bei Wind und Wetter auf der Brücke steht.

+++

5. November 1944 +++ Loch Ewe +++
An Bord der Shirvan

Zu den vier Schiffen des Konvois gehört auch der Tanker *Shirvan*. An Bord machen sich die Mannschaftsmitglieder bereit. Einer der Seeleute ist der Steuermann Thomas L. Reid:

Ich hatte schon einige Fahrten mit der Shirvan *nach Island unternommen. Die Fracht bestand dieses Mal aus Dieselöl. Unter den Geleitschiffen gab es einen Schlepper, den ich für überbewaffnet hielt. Bevor wir ausliefen, kam der Schlepper an unsere Seite und die Männer riefen zu uns herüber: »Wir sollen euch folgen.« Wir legten ab, zur letzten Etappe nach Island.*

87

+++

6. November 1944 +++ Vor der isländischen Küste +++
An Bord von U-300

Um 10:00 Uhr befindet sich *U-300* Nordnordwest von der Land-zunge Garðskagi, Halbinsel Reykjanes, auf Tauchfahrt, als Funk-maat Koske im Horchgerät ein Geräusch vernimmt. Es wird lauter, ähnelt einer Heulboje, vermutlich stammt es von einem Diesel-motor. Als das Boot Periskoptiefe erreicht, erspäht Kommandant Hein zwei Schiffe: ein mittelgroßer Fischkutter und ein Patrouillen-boot. Kein Ziel, das das Risiko eines Angriffs lohnt. Am Nachmit-tag, wenige Stunden später, sind die Schraubengeräusche zweier Korvetten zu hören, die Seite an Seite fahren. Das U-Boot behält Periskoptiefe bei und fährt mit langsamer Schleichfahrt zwischen den Kriegsschiffen hindurch. Ohne entdeckt zu werden. Ein bei-nahe freches Manöver.

Horst Koske erinnert sich:

Über uns herrschte reger Flugbetrieb, aber wir wussten Bescheid, denn unser Ortungsgerät zeigte es an. Zum Ausruhen legte der Alte das Schiff auf Grund, dreiundfünfzig Meter tief. Richtig ruhig war es aber nie, wegen des felsigen Bodens und der starken Strö-mungen. Immer wieder fuhr der Alte Angriffe, die er aber dann abbrach, weil es sich um Fischdampfer handelte oder um kleine Frachter; die wollte er in Ruhe lassen. Der geplante Angriff auf die Korvetten barg für uns Risiken, denn wir waren eigentlich viel zu langsam. Unsere Höchstgeschwindigkeit von sieben Knoten machte uns unflexibel.

+++

Konvoi UR 142, so die Kennung, dampft am frühen Nachmittag um 14:00 Uhr los, Ziel Reykjavík. Dazu gehören das kleine dänische Handelsschiff *Ulla*, die britische *Baltara*, der Tanker *Shirvan*, eine englische Korvette, die *Northern Reward*, und drei bewaffnete Schlepper. Matrose Ingólfur Ingvarsson erinnert sich:

Als wir im Fjord vor Anker lagen, hatten wir zwei Übungen abgehalten. Wir ließen die Rettungsboote zu Wasser und stiegen so schnell wie möglich ein. Der geprobte Ernstfall sollte so realistisch wie möglich ablaufen. Es wurde gemessen, wie lange es dauerte, ein Boot zu fieren – es dauerte siebzehn Minuten! Das war im Ernstfall natürlich viel zu lang.

+++

7. November 1944 +++ Vor der Halbinsel Reykjanes +++
An Bord von U-300

Um 04:30 Uhr registriert die Besatzung von *U-300* in der Dunkelheit das Licht eines Schiffes, das dicht vorbeifährt, lediglich fünfhundert Meter von Garðskagi, dem nordwestlichen Zipfel der Halbinsel Reykjanes, entfernt. Man nimmt zunächst die Verfolgung auf, bricht aber ab, als sich herausstellt, dass es sich um ein isländisches Fischerboot handelt. Acht geben muss Kommandant Hein weiterhin wegen eines Flugzeugs vom Typ Catalina, das immer wieder über ihnen kreist. Zwischendurch fällt das Echolot aus, mit dem man an Bord die Tiefe misst; besonders in flachen Gewässern wie vor der isländischen Küste ist das wichtig. Zwei Tage dauert es, bis es repariert werden kann.

+++

8. November 1944 +++ Zwischen Schottland und den Färöer-Inseln +++ An Bord der Goðafoss

Die See ist vergleichsweise ruhig für den Nordatlantik zu dieser Jahreszeit und der kleine Konvoi kommt mit langsamer Fahrt voran. Matrose Baldur Jónsson hat Brückenwache. Er denkt darüber nach, dass er auf dieser Fahrt kein einziges sinkendes Schiff gesehen hat. Es beruhigt ihn, dass der Krieg bald zu Ende sein wird:

Die Fahrt von Schottland nach Island war in den ersten drei Tagen angenehm. Oftmals war ich bei schlechtem Wetter seekrank geworden, deshalb war ich froh, damit jetzt nichts zu tun zu haben. Aber ich wusste auch: Je besser das Wetter, desto größer die Gefahr eines U-Boot-Angriffs. Bei rauer See war mit einem Angriff kaum zu rechnen. Ich hielt mich häufig unten bei den Maschinen auf. In diesem Sommer hatten wir uns oft eine Dusche im Maschinenraum gegönnt. Dort war ein Schlauch mit fließendem Wasser, mit dem sich die Männer abduschten. Plötzlich wurde irgendwo weiter weg eine Tiefbombe ins Wasser geworfen. Es war ein furchtbares Geräusch,

wenn eine Schallwelle auf die unter Wasser liegende Schiffsseite traf, ein unglaublich heftiger Schlag. Ich hatte nie zuvor einen solchen Lärm gehört. Häufig hatte ich in der Koje diese Schläge gespürt, aber dort unten im Maschinenraum, direkt an der Schiffswand, war es völlig anders gewesen, um ein Vielfaches schlimmer. Von da an musste ich immer an die Maschinisten denken und bemitleidete sie.

Ich stellte mir vor, wie das Gefühl in einem U-Boot sein müsste, das bombardiert wird, unter Wasser, genau an der Stelle, an der die Bomben explodierten. Mein Gott, daran musste ich häufig denken. Die armen Männer, die sich in einer solchen Situation befanden. Ich konnte nicht anders, als Mitleid mit diesen jungen Deutschen zu haben, die in diesen U-Booten eingeschlossen waren. Sie waren ja keine Freiwilligen. Die Briten auf ihren kleinen Korvetten bemitleidete ich ebenfalls. Diese Schiffe hatten kraftvolle Motoren, bei rauer See tauchten sie in die hohen Wellen ein, während draußen auf dem Deck die Soldaten in ihren dunklen, ärmlichen Wollmänteln mit Kapuzen standen. Die Amerikaner hingegen waren in wasserdichte Overalls gekleidet. Alles in allem war ich nachts nach einem U-Boot-Angriff nicht ängstlicher. Während Besatzung und Passagiere wach wurden, drehte ich mich manchmal auf die andere Seite und schlief weiter.

Kapitän Gíslason trug, nachdem wir Loch Ewe verlassen hatten, den gefütterten Mantel, den er von den Briten geschenkt bekommen hatte. Ich mochte den Kapitän. Er war immer gut gelaunt und freundlich zu uns Matrosen, obwohl er manchmal über die Steuermänner nörgelte – sie würden die Position im Konvoi nicht einhalten und so weiter. Von einem arroganten Kapitän konnte aber keine Rede sein.

+++

8. November 1944 +++ Vor der Halbinsel Reykjanes +++
An Bord von U-300

Das Spiel der Nerven geht weiter, aus Jägern werden innerhalb weniger Minuten Gejagte. Gegen Mittag erspäht der Periskopgänger zwei Fischkutter, Kurs Reykjavík, wenig später erneut zwei Trawler.

Am Nachmittag nähert sich ein amerikanisches Patrouillenboot bis auf eine Seemeile. Es kommt immer näher. Was nun? Als sich alle auf ein Gefecht vorbereiten, fährt das Kontrollboot in weniger als vierhundert Metern Entfernung vorbei. Doch plötzlich sind wieder Flugzeuge am Himmel, ein Aufklärer, dann zwei Jagdflugzeuge. Das Patrouillenboot verschwindet am Horizont.

Donnerstag, 9. November, 11:00 Uhr, Reykjavík in Sichtweite. Es ist bewölkt und nebelig. Eine Stunde später tauchen zwei Korvetten im Nebel auf, sie laufen mit knapp elf Knoten direkt auf *U-300* zu. Hein lässt Torpedos vorbereiten, doch dann drehen die Kriegsschiffe plötzlich nach Backbord ab und fahren in die entgegengesetzte Richtung. In südwestlicher Richtung verschwinden sie aus der Sichtweite. Wieder ein falscher Alarm, wieder eine Situation, die für das U-Boot kritisch hätte ausgehen können. Am Nachmittag erscheint eine Korvette in zweieinhalb Seemeilen Entfernung, »dazu Jagdflugzeuge in der Nähe von Garðskagi«, notiert der Kommandant im Kriegstagebuch.

+++

9. November 1944 +++
Zwischen den Färöer-Inseln und Island +++
An Bord der Goðafoss

92   Der Funker reicht ein maschinengeschriebenes Dokument herum, das er soeben empfangen hat. Passagiere, Mannschaftsmitglieder und Offiziere lesen die *BBC*-Meldungen aus London. Es sind gute Neuigkeiten, eine Rede des Premierministers Winston Churchill vor dem House of Commons: »Die U-Boot-Kriegsführung der Deutschen ist praktisch beendet. Lediglich ein Schiff ist im vergangen

Monat versenkt worden«, steht auf dem Papier. Kapitän Gíslason lächelt, als er die Zeilen studiert. Er hatte sich darüber gewundert, dass die Flugzeuge nicht mehr, wie es besprochen war, den Konvoi beobachteten. »Die Sicherheitsvorkehrungen sind offenbar gelockert worden«, denkt er.

Gegen 22:00 Uhr zieht ein Sturm auf, ein heftiger Sturm aus Nordosten, und die Temperatur fällt rasch. Die See wird rauer. Schneetreiben setzt ein. Ein Schneesturm tobt über das Meer und Kapitän Gíslason verlässt die Brücke nicht mehr. Vor Kriegsbeginn war die Kommandobrücke völlig offen gewesen; zum Schutz der Seeleute hatte man eine Panzerung aus Stein- und Stahlplatten montiert. Durch fünf schmale Gucklöcher pfeift der Wind. Die Männer frieren und es ist schwer, die *Goðafoss* auf Kurs zu halten. Gesteuert wird sie mit Hilfe eines Kompasses, der nachts beleuchtet wird; die Seemänner orientieren sich an den Gradzahlen, die ihnen der Steuermann oder der Kapitän ansagt.

Drei Stunden später ist das Wetter so schlecht, dass Kapitän Gíslason beschließt, den Schiffskonvoi beidrehen zu lassen. Aus ostsüdöstlicher Richtung weht der Sturm mit Stärke zehn auf der Beaufortskala, die See brodelt, sie kocht, die Sichtweite beträgt nur noch fünfhundert bis tausend Meter und der kleine Passagierdampfer rollt schwer in der See. Unter diesen Umständen erscheint es ihm zu riskant, durch die so genannte Húllið-Passage zwischen der Insel Eldey und Island zu navigieren. Er will in einem weiteren Bogen um die Halbinsel Reykjanes herumfahren und gibt dem Signalmaat Anweisungen, Lichtzeichen an die anderen Schiffe des Konvois zu geben. Ein schwieriges Unterfangen im dichten Schneetreiben. Einer der bewaffneten Schlepper, die den Konvoi begleiten, hat die Kommandos offenbar falsch verstanden. Im letzten Moment gelingt es dem Kapitän durch einen Kurswechsel, die Kollision zu vermeiden.

Früh am Morgen, mit dem ersten Licht des Tages, bessert sich das Wetter. Die Sicht ist klarer, der Schneefall hat nachgelassen, doch: Es fehlen Schiffe im Konvoi! Nur den kleinen Frachter *Ulla* können die Matrosen erkennen; von der *Baltara* und dem Tanker *Shirvan* fehlt jede Spur. Offenbar haben die Schiffe das Signal abzudrehen nicht gesehen und sind weitergefahren. Besondere Sorge bereitet dies Kapitän Gíslason aber kaum: Das Ziel ist nah, etwas mehr als eine halbe Tagesreise entfernt. Nach dem Frühstück, das wegen der heftigen Bewegungen des Schiffes nur wenige Passagiere einnehmen, bereitet die Küchenmannschaft die letzte Mahlzeit der Reise vor. Es soll ein großes Festessen für alle geben, eine Tradition kurz vor Einlaufen in den Heimathafen. Schon in wenigen Stunden soll die *Goðafoss* Reykjavík erreichen. Vorher serviert die Kombüse Truthahn. Arnar Jónsson, der Kaltkoch, kann sich trotz der Arbeit kaum konzentrieren. Immer wieder denkt er an die düstere Prophezeiung, die er beim Gläserrücken auf dem Bauernhof seiner Tante hörte. Heute ist der 10. November 1944, jener Unglückstag, den ihm die Stimme aus dem Jenseits prophezeit hatte. »Dein Schiff wird versenkt werden«, diese Worte hat er nicht vergessen.

Jónsson fühlt eine Beklemmung. Was wird geschehen?

2   ZWEI STUNDEN BIS REYKJAVÍK

10. November 1944, 09:58 Uhr +++ Faxaflói-Bucht +++
An Bord von U-300

Kommandant Fritz Hein sieht durch das Periskop und späht über die Bucht. Bewölkter Himmel, leichter Schneefall. Das U-Boot ist in den vergangenen Tagen ständig hin- und hergefahren, immer wieder an Fischerbooten vorbei. Als es schließlich in nördliche Richtung steuert, zeigt das Ortungsgerät ein Schiff an, das mit einer Geschwindigkeit von acht Knoten in Richtung Garðskagi unterwegs ist. Es ist ein Tanker: die *Shirvan*.

Dies ist die Gelegenheit, auf die man so lange gewartet hat! Kein Fischerboot, kein kleiner Frachter, sondern ein lohnendes Ziel. Jetzt geht alles schnell. Hein lässt den Angriff vorbereiten.

Vier Minuten nach der Sichtung, um 10:02 Uhr, laufen zwei Torpedos los, einer aus Rohr eins, der andere aus Rohr drei. Sie sind so eingestellt, dass sie zunächst direkten Kurs auf das Tankschiff nehmen. Falls sie nicht treffen, drehen sie um und peilen das Ziel erneut an.

97

+++

Steuermann Reid erinnert sich an den Moment des Einschlags:

Ich hatte Freiwache und war auf dem Weg ins Bad. Die Nasszelle befand sich auf demselben Gang, nur wenige Schritte entfernt. In der Messe daneben spielten zwei Funker Karten. Ich ging auf ein Schwätzchen hinein. Ich war barfuß, hatte eine Unterhose an, ein Handtuch um mich gewickelt und trug meine Uniformjacke. Plötzlich wurde das Schiff von dieser gewaltigen Explosion erschüttert! Alles zitterte, bebte und schaukelte hin und her. Was für ein Schreck! Ich eilte sofort aus der Messe, über den Gang und in meine Kajüte hinein. Aber dort stand schon alles in Flammen, das Feuer breitete sich schnell aus. Das gesamte Vorderschiff brannte. Ich lief durch die Kajüte des Kapitäns, von dort aus führte eine Treppe nach oben. Als ich die Tür öffnete, loderten auch dort schon die Flammen. Es gab keinen Weg hinauf. Ich erinnerte mich daran, dass es in der Kajüte des Ersten Steuermanns in Richtung Steuerbord einen Notausgang gab. Schnell lief ich dorthin. Die Luke war mit einem Deckel verschlossen. Ich zerrte ihn zur Seite und stellte mit großem Schrecken fest, dass es draußen ebenfalls brannte. Daraufhin verschloss ich die Öffnung sofort wieder. Mir wurde klar, dass es um Leben und Tod ging. Ich fluchte und sagte zu mir selbst: »Ich muss hier durchkommen, ich werde es schaffen. Ich will nicht verbrennen.« Erneut riss ich den Deckel von der Luke und schlug mich durch die Flammen. Die beiden Funker waren mir gefolgt. Sie warfen sich mit großem Geschrei auf das Deck. Ich entschloss mich, nach achtern zu laufen, die beiden Männer kamen mir nach. Nun sah ich, dass einer von ihnen verletzt war. Er hatte sich den Fuß gebrochen, als er an Deck gehastet war. Achtern trafen wir unseren Kapitän Pattenden.

98

An Gesicht und Armen hatte er schwere Verbrennungen erlitten. Er hatte sich wohl Backbord auf der Brücke aufgehalten und musste in die Richtung geblickt haben, aus der der Torpedo kam. Trotz der Brandwunden schien er bei klarem Verstand zu sein. Er rief mir zu: »Vorne befinden sich noch Männer. Holen Sie sie hierher!« Und ich lief los, so wie ich bekleidet war, hinein ins Feuermeer. Ich beeilte mich und gelangte über die Laufbrücke zwischen den Aufbauten weiter nach vorne. Auf dem Vorderschiff breitete sich das Feuer schnell aus. Am stärksten loderte es Backbord. Durch die Flammen erspähte ich eine Gruppe. »Kommt hierher, kommt sofort!«, schrie ich. Die Männer hasteten los.

+++

10:08 Uhr +++ Faxaflói-Bucht +++
An Bord von U-300

An Bord des U-Boots beobachtet man, dass der erste Torpedo vor dem Bug der *Shirvan* detoniert ist und das Schiff stark beschädigt hat. Die Entfernung zum U-Boot selbst ist nicht besonders groß, die Deutschen spüren die Erschütterung: Volltreffer. Jubel erfüllt die Stahlröhre. Im Kriegstagebuch wird später vermerkt, dass der zweite Torpedo eine Minute und fünfunddreißig Sekunden bis zum Ziel benötigt hat. »Dampfer brennt, aber sinkt nicht. Treibt vor dem Wind mit Schlagseite«, notiert Hein im Kriegstagebuch.

+++

In der Zentrale der isländischen Rettungsgesellschaft Slysavarna-félag in Reykjavík geht ein Notruf ein. Jóhannes Jónsson, ein Reeder, meldet sich von der Nordspitze der Halbinsel Reykjanes. Er berichtet, dass einige Dorfbewohner eine Explosion an Bord eines Schiffes vor Garðskagi gesehen haben. Ein großes Feuer wüte und das Schiff treibe führungslos in der Bucht. Der Direktor der Rettungsgesellschaft informiert das Büro des US-Militärs im Hafen und Hugh Simpson, den Commander der britischen Marine: Vermutlich ist ein Schiff der Alliierten vor Garðskagi in Flammen aufgegangen. Ein Rettungsboot namens *Sæbjörg*, das ganz in der Nähe operiert, ist bereits auf dem Weg, dem Havaristen zu helfen; weil es das Feuerschiff *Hermóð* wegen eines Maschinenschadens im Schlepptau hat, kommt es aber nur langsam voran. Minuten später meldet sich erneut der Reeder Jónsson: Das gesamte Schiff brennt lichterloh!

+++

Währenddessen +++ Faxaflói-Bucht +++
An Bord der Shirvan

Steuermann Reid starrt wie in Trance auf das Einschlagsloch, das der Torpedo in den Rumpf gerissen hat. Flammen schlagen am Bug hoch:

Es war, als spürte ich nichts mehr: keine Gefühle, keine Hitze, gar nichts. Ich stand da und starrte ins Feuer, die Männer, die ich geholt hatte, waren bereits nach achtern gegangen. Oder etwa nicht? Doch, es musste so gewesen sein.

100

Das bin nicht ich, dachte ich. Mir passiert das nicht.

Ein seltsames Gefühl überkam mich. Es war, als beobachtete ich mich selbst dabei, wie ich auf die Flammen starrte. Ähnliches hatte ich schon einmal in einer Angstsituation erlebt. Dann bemerkte ich einen weglaufenden Kameraden. Aber ich blieb regungslos auf dem Hauptdeck stehen, wusste nicht, warum ich immer noch dort verharrte. Ich war wie gelähmt. Doch plötzlich kam ich wieder zu mir und lief über die Laufbrücke zurück. Jetzt ging es nur noch darum, in ein Rettungsboot zu steigen.

+++

**10:28 Uhr +++ Vor der Landzunge Stafnes +++
An Bord der Goðafoss**

Während in der Messe die letzten Vorbereitungen für das Abschiedsessen laufen, entdeckt Steuermann Stefán Dagfinnsson auf der Brücke eine Rauchwolke. Er hat mangels Funkkontakt keine Informationen über die Lage und überlegt, ob es sich um den Rauch aus einem Schornstein handelt. Als die Goðafoss eine Weile weiterfährt, ist klar, dass es anders sein muss: Etwas brennt auf dem Meer. Von einem der Geleitboote kommen per Morsezeichen Anweisungen, das Schiff so nah wie möglich unter Land zu fahren. Kapitän Gíslason, der auf die Brücke geeilt ist, vermutet eine Havarie. Hat sich das Feuer auf dem Ölschiff entzündet, mit dem sie vom Loch Ewe losgefahren sind? Dass das Feuer durch den Einschlag eines Torpedos ausgelöst wurde, zieht man nicht in Erwägung.

+++

Die *Shirvan* sinkt noch immer nicht und Kommandant Fritz Hein beschließt, einen weiteren Torpedo abzuschießen. Allerdings kommt er nicht in Gang, irgendetwas stimmt nicht. Fehlläufer.

+++

Faxafiói-Bucht +++

An Bord der Shirvan

Auf dem Havaristen lässt man derweil zwei Rettungsboote zu Wasser. Steuermann Reid beeilt sich einzusteigen:

Die Männer riefen mich, ich solle sofort ins Boot steigen. Ich sprang auf einen der Davits und kletterte an einem Tau hinab auf das Boot. Noch immer hielten sich einige Seeleute auf der Shirvan *auf. Sie konnten mit einem zweiten Rettungsboot das Schiff verlassen. Wir wollten uns gerade von dem Tanker entfernen, als ein Junge am Rand des Rettungsbootes erschien und mich fragte: »Sir, darf ich mit Ihnen kommen?« Daraufhin entgegnete ich: »Geh zu deinem Boot.« Die Besatzung war aufgeteilt worden und mir war, als müsste ich den Jungen auf sein ihm zugeteiltes Boot aufmerksam machen. Vielleicht war es ihm ja entgangen.*

Man ließ uns zu Wasser und ich stellte bald fest, dass der Torpedo unmittelbar unter meiner Kajüte an Backbord eingeschlagen war. Das Schiff brannte zwischen den Steven. Glücklicherweise hatten wir Gasöl und nicht Benzin geladen. Deswegen flog das Schiff nicht in die Luft. Was wohl geschehen wäre, wenn wir Flugbenzin mit hundert Oktan an Bord gehabt hätten? Wahrscheinlich wären wir zweitausend Fuß oder höher in die Luft geschleudert worden. So wie es mir einst der Steuermann erklärt hatte. Das Schiff brannte zwischen den Steven. Ich musste an den Jungen denken, der zu uns an Bord wollte. Wie er hieß, wusste ich nicht, ich kannte aber sein Gesicht.

Er kam mir nicht mehr aus dem Sinn.

+++

11:42 Uhr +++

Halbinsel Reykjanes

Jóhannes Jónsson, der Reeder, sieht durch ein Fernglas, dass vier Schiffe aus südlicher Richtung von Reykjanes herannahen. Er erkennt ein Schiff der Reederei Eimskip, das an der Spitze fährt. »Die *Goðafoss*«, murmelt er. Das Telefon klingelt, jemand von der Rettungsgesellschaft ist dran. »Schicken Sie bitte sofort ein Boot zum Tankschiff«, hört er. »Nicht nötig, ein Konvoi ist gerade in die Bucht eingebogen«, antwortet der Reeder. Mehrere Dorfbewohner, darunter Guðni Ingimundarson, ein zwanzigjähriger Lastwagenfahrer aus Garður, versammeln sich am Leuchtturm von Garðskagi, um das Geschehen beobachten zu können.

Von dieser Stelle braucht ein Schiff kaum mehr als zwei Stunden bis in den Hafen von Reykjavík.

+++

»Land in Sicht!« Als der Konvoi
der *Goðafoss* die Küste Schottlands
erreicht, macht sich Erleichterung
an Bord breit.

Kapitän Gíslason an Deck.
Er wird nach Ankunft in Schottland die Aufgabe erhalten, einen
kleinen Konvoi nach Island zu
befehligen. Dafür schenken ihm
die Briten einen neuen Mantel.

Eymundur Magnússon,
Erster Steuermann.

Stefán Dagfinnsson,
Zweiter Steuermann.

Eyjólfur Eðvaldsson, Funker.

Hafliði Jónsson, Obermaschinist.

Währenddessen +++ Reykjavík

Im Hause des Obermaschinisten der *Goðafoss*, Hafliði Jónsson, klingelt ebenfalls das Telefon. Halldóra Helgadóttir nimmt ab und erfährt von einem Freund, dass ein Schiffskonvoi nahe dem Leuchtturm von Garðskagi gesehen wurde – darunter vermutlich auch die *Goðafoss*. Halldóra Helgadóttir, die seit zwei Monaten auf ihren Ehemann und ihren Sohn wartet, fühlt sich vor Erleichterung wie beseelt. Sie muss unbedingt ihre beiden Söhne Gísli und Kristinn unterrichten! Und sie überlegt, wie sie die Heimkehr feiern wollen. Welche Freude!

+++

Währenddessen +++ Faxaflói-Bucht +++
Im Rettungsboot der Shirvan

Steuermann Reid versucht, Abstand zum Feuer zu bekommen:

Unser Rettungsboot hatte einen Motor, aber aus unerklärlichen Gründen fehlte die Lenkstange. Vielleicht war sie an einem der Davits hängen geblieben, abgerissen und verlorengegangen. Mir war eiskalt, ich war nur leicht bekleidet – und das bei Schneefall und Frost. Und was für ein Seegang! Auf einem solch kleinen Boot spürte man die Wellen viel stärker als an Bord eines Schiffes. Ich empfand eine entsetzliche Angst, weil wir uns noch dicht am brennenden Tanker aufhielten. Er könnte jeden Augenblick explodieren. Ich fand eine Stange unter der Ruderbank, ein Eisenstück mit einer vierkantigen Öffnung, ich ergriff sie und steckte sie an jene Stelle, an der sich sonst die Lenkstange befand. Einem Maschinisten war es gelungen, den Motor in Gang zu setzen. Wir waren vielleicht fünfzig bis hundert Meter weit gekommen, als eine heftige Welle über unser Boot schwappte und es zur Hälfte mit Wasser volllief. Der Motor ging aus. Was nun? Mit dem defekten Motor kamen wir nicht mehr von der Stelle. Wir setzten den Treibanker.

+++

11:56 Uhr +++ Faxaflói-Bucht +++
An Bord der Goðafoss

Auf Höhe des Leuchtturms von Garðskagi ändert der Konvoi die Richtung, direkter Kurs Reykjavík. Eines der bewaffneten Geleitschiffe setzt sich an die Spitze, gefolgt von der *Goðafoss*. Der brennende Tanker treibt Backbord voraus. Die Seeleute entdecken ein Rettungsboot in den Wellen, etwa eine Seemeile entfernt. Schiffbrüchige! Der Wind hat wieder aufgefrischt, die Dünung ist hoch und die Temperatur liegt knapp am Gefrierpunkt. Schneetreiben hat eingesetzt. Die *Goðafoss* ist dem Rettungsboot am nächsten. Sie kann die Menschen innerhalb weniger Minuten erreichen – doch darf sie das tun?

Es verstößt gegen jede Regel, in einem Konvoi zu stoppen, weil es die Gefahr eines Angriffs erhöht. Gíslason weiß das. Obendrein ist die *Goðafoss* das Schiff, das den Konvoi anführt. Was soll er tun? Soll er die Schiffbrüchigen ihrem Schicksal überlassen? Soll er weiterfahren? Muss er die Regeln befolgen? Bringt er sich selbst und das Schiff in Gefahr? Ist ein U-Boot in der Nähe oder hat sich die Explosion aus einem anderen Grund ereignet?

Was ist richtig?

Seemännisch?

Moralisch?

Von seiner Entscheidung hängen Leben ab, viele Leben.

Die Mannschaftsmitglieder sehen ihn an, warten auf sein Kommando.

Er muss sich entscheiden. In diesem Moment.

Kapitän Gíslason beschließt, die Schiffbrüchigen zu retten. Er ist froh, dass er ein Ärzteehepaar an Bord weiß. »Sie können sich um die Schiffbrüchigen kümmern«, denkt er. Kapitän Gíslason gibt Order, direkt auf das Rettungsboot zuzuhalten.

+++

Zeitgleich +++ Faxafíói-Bucht +++
An Bord von U-300

In dieser Minute sieht Kommandant Hein durch das Periskop einen kleinen Frachter, den er auf 5000 Bruttoregistertonnen schätzt. Es ist die dänische *Ulla*, aber das weiß Hein nicht. Nur eines ist sicher: Dieses Schiff wird das nächste Ziel sein.

+++

12:22 Uhr +++ Faxafíói-Bucht +++
An Bord der Goðafoss

Die *Goðafoss* hat das Rettungsboot fast erreicht, die Maschine stoppt. Alle Mannschaftsmitglieder stehen bereit. Neunzehn Schiffbrüchige sind zehn Minuten später an Bord der *Goðafoss*, darunter der Junge, den Steuermann Reid abgewiesen hatte. Den

Matrosen Sigurður Guðmundsson packt das Entsetzen, als er die Verletzten sieht:

Es war grauenhaft. Viele Männer hatten starke Verbrennungen er-litten. Sie taten sich schwer, aus eigener Kraft an Bord zu kommen, wegen der Brandwunden an ihren Händen. Mehrere Gesichter wa-ren entstellt. Das Ärztepaar kümmerte sich sogleich um sie.

Auch Matrose Baldur Jónsson ist schockiert:

Die Männer litten unter schrecklichen Brandwunden. Einer hatte einen Feuerschwall mitten ins Antlitz bekommen. Seine Augen waren verschwunden. Man sah seine Gesichtsknochen, die restli-che Haut war wie gespannt. Dieser Mann musste durch die Hölle gegangen sein. Wer nicht von Brandwunden gezeichnet war, hatte sich eine andere Verletzung zugezogen. Einige hatten sich Arme ge-brochen. Manche waren apathisch, murmelten Worte vor sich hin, wimmerten vor Schmerzen. Dass manche noch lebten, erschien mir wie ein Wunder.

Nun kommt es darauf an, Leben zu retten. Die Verletzten müssen so schnell wie möglich medizinisch versorgt werden. Ingólfur Ing-varsson späht durch ein Guckloch und sieht den Berg Esja, der wenige Kilometer hinter der Hauptstadt aufragt. Der Frachter *Ulla* hat die *Goðafoss* an Steuerbordseite überholt und fährt hinter einer Korvette.

Ein Schiffbrüchiger erzählt Steuermann Stefán Dagfinnsson, dass der Öltanker *Shirvan* torpediert wurde und sich die Besatzung in zwei Boote retten konnte. Dagfinnsson informiert sofort den Ka-pitän. »Kann ein deutsches U-Boot so nahe an die Faxaflói-Bucht gekommen sein?«, fragt sich Gíslason. Und wo ist das zweite

Rettungsboot? Er bittet Steuermann Þórir Ólafsson und einen Matrosen, auf das Dach der Kommandobrücke zu steigen und Ausschau zu halten. Bereits seit mehr als zwei Stunden müssen die Überlebenden, womöglich schwer verletzt, in der Kälte im Rettungsboot verharren. Der Steuermann ruft von der Brücke: Er sieht kein zweites Rettungsboot, dafür aber die ersten Einlaufbojen, die den Weg nach Reykjavík markieren. Neben dem Kapitän steht ein junger Signalmaat, der im Loch Ewe an Bord der *Goðafoss* gekommen ist. Er warnt die anderen Schiffe, dass der Öltanker torpediert wurde.

Ein U-Boot ist ganz nahe, das steht fest. Die *Goðafoss* fährt mit voller Kraft voraus, als riesige Feuersäulen aus dem Wrack aufsteigen. Die *Shirvan* treibt wie ein brennender Leuchtturm in der Mündung der Bucht.

+++

12:46 Uhr +++ Faxafíói-Bucht +++
An Bord von U-300

Kommandant Hein bereitet sich auf den Angriff vor, das U-Boot läuft auf die *Ulla* zu. Doch dann: Sechs Wasserbomben detonieren im Atlantik! Das Boot erzittert unter den Druckwellen. Vermutlich haben Ortungsgeräte der Korvetten das U-Boot entdeckt. Hein bricht ab, taucht hinab auf zwanzig Meter Tiefe, wartet.

Minuten vergehen.

Als die Schraubengeräusche leiser werden, geht das U-Boot wieder auf Periskoptiefe.

»Wo ist der Frachter?«, denkt Hein, »komm schon, wo ist er hin?«

Die *Ulla* ist weitergedampft, mit voller Fahrt Richtung Reykjavík und aus der Reichweite des langsamen U-Boots. Doch dann entdeckt Hein ein neues Ziel: einen kleineren Passagierfrachter, etwa 1500 Bruttoregistertonnen, grau angestrichen wie ein typisches Konvoischiff der Alliierten. Schiffe neutraler Nationen sind gehalten, alleine zu fahren, die Nationalflagge an ihre Außenhaut zu pinseln und auch nachts die Beleuchtung einzuschalten. Hein hält das Schiff, das er sieht, für den Frachter eines Geleitzugs.

Es ist die *Goðafoss*, die eben die Maschinen stoppt, um die Schiffbrüchigen an Bord zu nehmen. Ansonsten wäre sie auf Höhe der *Ulla*, unerreichbar für *U-300*.

Im Kriegstagebuch steht: »Lage 150 Grad E, ein Bewacher kurvt umher. Auf Passagierfrachter angelaufen.«

+++

Währenddessen +++ Faxaflói-Bucht +++
An Bord der Goðafoss

Frímann Guðjónsson, der Steward, verbreitet die Nachricht, dass wahrscheinlich ein Torpedo die *Shirvan* getroffen habe. Passagier Agnar Kristjánsson spürt die Betroffenheit und die Angst der Mitreisenden. Er steht neben Áslaug Sigurðardóttir und sagt zum Trost: »Gut, dass wir bald in den Hafen einlaufen.« Áslaug Sigurðardóttir kümmert sich um die Kinder der Ärzte. Ein Steward hat alle Passagiere angewiesen, eine Rettungsweste anzulegen. Den Kindern sind sie jedoch viel zu groß. Jemand ruft um Hilfe: Das Ärztepaar, das im Rauchersalon die verletzten Engländer versorgt, benötigt dringend ein Messer. Agnar Kristjánsson bringt es dem jungen Arzt Friðgeir Ólason, der dem Schwerstverletzten gerade die offen liegenden Augenhöhlen verbindet. Steuermann Stefán Dagfinnsson kommt nach dem Wachwechsel in die Messe hinunter, er trägt eine Rettungsweste und setzt sich an einen Tisch. Ist wirklich ein U-Boot in der Nähe? Dass die meisten Passagiere entgegen der Anweisung keine Rettungsweste angelegt haben, fällt ihm nicht auf.

Auf dem Dach der Brücke suchen Matrosen das Meer ab. Matrose Sigurður Guðmundsson ruft, doch er hat nicht das Boot der Schiffbrüchigen entdeckt, sondern gesehen, dass ein Begleitboot die schwarze Signalflagge zeigt. Nun ist es gewiss: Ein deutsches U-Boot operiert in der Nähe!

Alarm!

+++

Währenddessen +++ Faxaflói-Bucht +++
Im Rettungsboot der Shirvan

Das zweite Rettungsboot der *Shirvan* schaukelt mit einem defekten Motor in der Bucht auf den Wellen. Die Männer frieren, es ist eisig, Schneetreiben herrscht. Niemand auf der *Goðafoss* hat sie entdeckt. Steuermann Reid sitzt neben Schwerverwundeten:

Der Sturm war beachtlich, der Seegang stark. Ich sah, dass die Männer ihre Schwierigkeit mit dem Treibanker hatten, also wollte ich ihn selbst holen. Dazu musste ich über vierzehn oder fünfzehn Mann klettern. Ich bekam den Treibanker schließlich zu fassen und befestigte ihn. Jetzt saßen wir auf unseren Plätzen. Das Boot hob sich und senkte sich wieder. Auf und ab, auf und ab, zur Seite, wieder und immer wieder. Kapitän Pattenden saß zusammengekrümmt neben mir, mit schweren Verbrennungen. Einige in dem

Boot waren unmittelbar aus dem Maschinenraum gekommen und trugen lediglich ein Unterhemd. Um mich herum starben die Menschen, einige waren bereits tot. Ich musste an den Jungen denken, der mich darum gebeten hatte, an Bord unseres Rettungsbootes kommen zu dürfen. Er ging mir nicht mehr aus dem Kopf. Wo mochte er jetzt sein?

+++

12:59 Uhr +++ Faxaflói-Bucht +++

An Bord von U-300

Die Dünung beträgt drei Meter, die Strömung ist stark, doch Kommandant Hein ist sich seiner Sache sicher. Er gibt Befehl, Rohr vier vorzubereiten. Der Torpedo wird so eingestellt, dass er sich zunächst in einem Bogen fortbewegt und dann direkten Kurs auf das Ziel nimmt. Alles genau berechnet: Richtung, Tempo, Abstand, Abweichung durch die Strömung.

Der Torpedo schießt in vier Meter Tiefe aus dem Bugrohr.

Drei Minuten und neun Sekunden später erreicht er sein Ziel.

+++

13:00 Uhr +++ 63° 08' Nord und 22° 41' West +++

An Bord der Goðafoss

Arnar Jónsson, der Koch, sieht auf seine Uhr. Es ist genau ein Uhr. Auf der Brücke wird die Glocke zum Wachwechsel geschlagen. Er kramt den Zettel aus seiner Tasche hervor. Er denkt: »Nun ist die

Zeit.« In dieser Minute soll, wenn die Prophezeiung aus dem Jenseits stimmt, die Goðafoss versenkt werden. Jónsson hält den Atem an und zählt die Sekunden.

Im Rauchersalon hilft Sigríður Þormar dem Ärzteehepaar bei der Versorgung der verletzten Briten. Sie ist erschrocken vom Ausmaß ihrer Qualen, doch sie überwindet sich, legt Verbände an, eilt hinunter in die Kombüse, um frisches Wasser zu holen. In etwa zwei Stunden, denkt sie, ist alles vorbei: Dann schließt sie im Hafen ihre Eltern und Brüder in die Arme. Sie freut sich darauf, ihnen ihren neuen Freund vorzustellen. Sie ist gerade auf dem Weg in die Kombüse, als Matrose Sigurður Guðmundsson auf dem Bootsdeck eine seltsame Entdeckung macht:

Eymundur Magnússon, der Steuermann, bat mich, aus den Rettungsbooten Kleidung für die Männer zu holen. Als ich diese bereitlegte – Pullover und andere Klamotten – schaute ich zwischen Schornstein und Brücke nach Backbord. Plötzlich sah ich einen Streifen, der sich im Wasser bewegte – einen weißen Streifen, der sich sehr schnell dem Schiff näherte … Großer Gott! … Kein Zweifel: ein Torpedo! Ich wusste, dass der Steuermann Þórir Ólafsson oben auf der Kommandobrücke Dienst schob. Mir schoss ein Gedanke durch den Kopf: Wenn man schnell genug beschleunigte und ein plötzliches Wendemanöver einleitete, war es manchen Schiffen gelungen, einem Torpedo auszuweichen.

»Da kommt ein Torpedo – Torpedo!«, schrie ich, so laut ich konnte. Ólafsson schrak zusammen, sah mich kurz an und lief dann vor die Kommandobrücke.

Der Torpedo trifft um 13:02 Uhr die Backbordseite der Goðafoss. Es gibt eine ungeheure Detonation, das Schiff erzittert, wie von einem gewaltigen Hammer getroffen, legt sich auf die Seite und droht zu kentern. Wasser dringt ein, gewaltige Mengen Wasser, die durch die Gänge strömen. Die Maschine stoppt, jeder, der sich im Maschinenraum befindet, ist auf der Stelle tot.

Ingólfur Ingvarsson wird hochgeschleudert:

Ich spürte einen Schlag, wurde gegen die Tür der Brücke geworfen und flog durch sie hindurch. Bevor ich wusste, wie mir geschah, war ich bereits auf dem Brückenflügel. Hier befanden sich zwei Maschinengewehre, neben ihnen stand Kapitän Gíslason. Ich flog in Richtung Maschinengewehre und Kapitän, bei dem sich auch der englische Signalmaat aufhielt. Einen Augenblick später lagen wir alle auf dem Boden. Überwältigender Lärm und ein heftiges Schütteln folgten auf die Detonation. Das Schiff neigte sich mit fünfunddreißig bis vierzig Grad Schlagseite nach Steuerbord.«

»Ans Steuer, hart Steuerbord«, rief mir der Kapitän zu. Ich sah Jóhann Guðbjörnsson, der vor Schmerzen schrie. Baldur Jónsson gab ihm einen Klaps auf die Wange, so wie man es macht, wenn jemand unter Schock steht. »Ganz ruhig!«, sagte er. Ich übernahm das Steuer und stellte im selben Augenblick fest, dass das Ruder nicht reagierte. Wie ich es auch einstellen wollte, es funktionierte nicht. Das Schiff ließ sich nicht mehr steuern! Ich eilte hinaus und informierte den Kapitän: »Das Ruder reagiert nicht mehr!«

Gíslason sah uns an und sagte ruhig: »Alle in die Rettungsboote!«

Kombüsengehilfe Guðmundur Finnbogason, der nach achtern in die Vorratskammer gegangen war, um den Kindern des Ärzteehepaars Dosenobst zu holen, trifft die Explosion im so genannten »Kartoffelgang« vor der Kombüse.

Als ich den Fuß über die Türschwelle setzen wollte, geschah etwas. Etwas Heftiges … und ich verlor das Bewusstsein. Als ich wieder zu mir kam, spürte ich, dass mir etwas Warmes das Gesicht hinunterlief – ich hatte eine Platzwunde, vermutlich vom Sturz gegen den Türrahmen. In meiner Kniekappe steckte ein Metallsplitter, doch das spürte ich zunächst nicht. Unser Chefkoch Sigurður Oddson war schwer verletzt. Er taumelte noch ins Freie, dann starb er an Deck. Ich sah die Stewardess Lára Ingjaldsdóttir und Sigríður Þormar, sie waren schwer verletzt. Sie lagen auf dem Boden, in einer Pfütze von kochend heißem Wasser – der Wassertank war von der Wand gerissen worden und zerplatzt. Überall dampfendes Wasser, das den Kombüsenboden überflutete! Jemand half der verletzten Sigríður Þormar auf die Beine. Ich stand auf. Mein Knie schmerzte, es war heftig angeschwollen.

Auf der Brücke wird Ingólfur Ingvarsson Zeuge von Panik und Chaos. Er will am Steuerhaus vorbei und die Treppe aufs nächste Deck hinunter nehmen, doch der zerstörte Panzerschutz versperrt ihm den Weg. Er kehrt um und hastet zur Kommandobrücke, wo ihm Steuermann Þórir Ólafsson und Matrose Sigurður Sveinsson entgegenkommen. Sie klettern auf die Reling. »Wollen die wirklich springen?«, denkt Ingvarsson entsetzt.

»Komm mit uns!«, ruft ihm Ólafsson zu.

Ingvarsson zögert, er beugt sich vor und sieht hinab aufs eiskalte, bewegte Meer:

»Nein, zum Teufel, ich springe nicht, das ist viel zu hoch!« Mir wurde angst und bange. Ich wagte es nicht. Und ich musste an den Merksatz denken, den wir bei den Rettungsübungen gelernt hatten. »Springe niemals von der Schiffsseite aus in die See, die torpediert worden ist. Dort strömt das Wasser in das Schiff und der Sog kann

einen durch das Loch mitreißen.« Ich ging weiter zur Treppe, die vom Brückenflügel hinunterführte. Jetzt konnte ich das gesamte Schiff überblicken. Ein furchtbares Bild. Auf dem Oberdeck war die Befestigung der drei Autos gerissen, sie lagen jetzt auf dem Dach, mit den Reifen nach oben. Der Hintermast war gebrochen und auf die Autos herabgestürzt.

Arnar Jónsson, der Kaltkoch, hockt nach dem Einschlag des Torpedos auf dem Boden. Er hat Glück, dass er nicht in der Kombüse ist. Die Detonation hat den Stahlboden aufgerissen, so weit, dass Jónsson nun durch einen Spalt auf die Kohlenkiste ein Deck tiefer sehen kann. »Das Schiff wird sinken«, denkt er, und dann: »Das darf nicht sein. Das ist nicht möglich. Wir sind doch kurz vor Reykjavík.« Er sieht den Chefkoch, dem kochendes Wasser das Gesicht und die Augen verbrannt hat. Er ist blind. Langsam neigt sich die *Goðafoss* zur Seite. Jónsson eilt nach draußen und reckt den Kopf über die Reling. Auf der Backbordseite klafft ein riesiges Loch, »so groß, dass ein Zug hindurchfahren könnte«, wie er sich später erinnert. Er sieht, dass Mannschaftsmitglieder und Passagiere versuchen, zu den Rettungsbooten zu gelangen. Allen ist klar, dass nur wenig Zeit bleiben wird, sie zu Wasser zu lassen. Es kommt nun auf jede Sekunde an.

Die Messe der Offiziere ist komplett zerstört. Funker Eyjólfur Eðvaldsson blutet aus einer Wunde am Kopf, Steuermann Stefán Dagfinnsson kommt gerade wieder zu sich, er liegt auf einer Rettungsweste. Durch die Wucht der Explosion hat sich der Rahmen der Tür verzogen und Maschinist Hermann Bæringsson gelingt es nicht, sie zu öffnen. Risse durchlaufen die Wände, einige sind so groß, dass es Bæringsson schließlich schafft, sich durch einen Spalt zu zwängen. Stefán Dagfinnsson will es ihm nachmachen, doch er bleibt stecken. Erst, als er sich seiner Rettungsweste und der Jacke entledigt, passt er hindurch. Der verletzte Eðvaldsson, der sich nur mit Mühe auf den Beinen hält, folgt ihnen.

Im Gang, der zum Speisesaal führt, hält das Kindermädchen Áslaug Sigurðardóttir Sverrir, den zweijährigen Sohn des Ärzteehepaares, in ihren Armen. Die Explosion hat sie gegen die Wand geworfen. Ist der Junge verletzt?

Ich hatte das Bewusstsein für einen Augenblick verloren, kam aber schnell wieder zu mir. Es war völlig finster. Aus der Vorratskammer quoll Rauch, der mir den Atem nahm. Halldór Sigurðsson half mir und dem kleinen Sverrir an Deck. Der Junge weinte fürchterlich. Oben trafen wir auf Engländer, die dem Jungen in eine Schwimmweste halfen. Einige Passagiere hatten sich beim Rettungsboot Nummer eins eingefunden. Sigrún Briem war dort mit ihrem Sohn Sverrir. Sie saßen mir im Rettungsboot gegenüber. Das Schiff kippte, es kenterte, wir fielen ins Wasser. Ich landete auf einem Floß. Hätte ich ihn doch nur zu mir genommen, hätte ich ihn doch nur festgehalten! Vielleicht wäre er dann in Sicherheit gewesen. Ich habe mir das nie vergeben können.

Ingólfur Ingvarsson wird auf der Treppe, die den Brückenflügel hinabführt, Zeuge, wie der hintere Mast bricht, nach Steuerbord kippt und auf die Autos stürzt, die dort in einem Durcheinander und teilweise auf dem Dach herumlagen:

Es war ein unglaublicher Anblick. Die Goðafoss war von der Gewalt der Detonation zunächst nach Steuerbord und in dreißig bis vierzig Grad Schräglage geworfen worden. Als das Schiff wieder zurückwankte, wurde die Schlagseite noch bedrohlicher, und in diesem

Augenblick rutschte an Backbord das Rettungsboot über Bord. Ich lief vor den Brückenaufbau und dann an der Steuerbordseite nach hinten, um zum Rettungsboot Nummer eins zu kommen. Ich trug eine dünne Khakihose und ein Hemd, aber seit der Wache in der Kälte auf der Brücke hatte ich einen dicken, mit Lammfell gefütterten Anorak und Gummistiefel an. Als ich Sigríður Þormar erblickte, beschloss ich, den Anorak auszuziehen und ihn ihr anzubieten. Denn sie trug lediglich eine dünne Seidenbluse.

»Zieh' dir den Anorak an«, sagte ich.

Dann stieg ich in das Rettungsboot und versuchte es so schnell wie möglich loszubinden, löste die Talje und die Reißfangleine. Der junge Arzt kam auf mich zu, mit seinem weinenden Sohn Óli. Er bat mich, den Kleinen zu nehmen. Doch ich sagte: »Ich muss das Boot losbekommen, ich muss das Boot losbekommen.« Ich schaffte es nicht. Es dauerte zu lange und wir sanken zu schnell. Viel zu schnell. Ich sah den Arzt und den Jungen nicht wieder.

Guðmundur Finnbogason ist aufs Bootsdeck geeilt:

Ich sprach mit Ellen Downey, die ihren kleinen Jungen auf dem Arm trug. Ich wollte ihr sagen, dass wir nicht die Boote nehmen sollten – denn ich wusste, dass es viel schneller ging, die Flöße zu Wasser zu lassen als die Rettungsboote. Und wenn das Schiff schnell sinken würde, wäre es zudem sehr gefährlich. Stattdessen sollte sie mit ihrem Sohn auf das Floß gehen. Aber ich war nicht imstande, ihr das zu sagen. »Wenn ein Torpedo auf der Backbordseite einschlägt, dann niemals die Boote auf dieser Seite herablassen – sie werden untergehen«, hatte uns Kapitän Jón Eiríksson an Bord der Brúarfoss *gesagt. Als die* Goðafoss *nach Steuerbord kippte, sah ich zahlreiche Weizensäcke und Kisten, die durch das Einschlagloch hinausgeschleudert wurden.*

Von nun an geht es ums Überleben, denn die *Goðafoss*, das ist jedem an Bord bewusst, wird in wenigen Minuten sinken und das Wasser des Atlantik ist kalt. Wie diese Minuten für die Schiffbrüchigen der *Shirvan* ablaufen, die eben noch glaubten, gerettet zu sein? Wie für das Ärzteehepaar, das sich um die drei kleinen Kinder sorgt? Wie für alle, die den sicheren Heimathafen schon ganz nahe wissen?

Das Schiff neigt sich immer stärker nach Backbord, hektische Schreie sind zu hören, denn mit jeder Minute, die vergeht, wird klarer: Es bleibt zu wenig Zeit, die Rettungsboote zu Wasser zu lassen. In einer Art Schlitten, der an einem Rahmen mit Stahlwinkeln befestigt ist, befinden sich Rettungsflöße. Wenn man mit dem Hammer gegen den Sliphaken schlägt, öffnet sich der Deckel und das Floß rutscht hinaus – in der Theorie. Zumindest in einem Fall gelingt es den Matrosen nicht, das Rettungsfloß zu lösen. Eines aber ist von Bord gerutscht und treibt auf der bewegten See; zwei Matrosen springen darauf und versuchen, es dicht am Schiff zu halten, damit andere aufsteigen können.

Immer stärker dampft es, die Verzweifelten sehen kaum die Hände vor Augen. Die *Goðafoss* liegt auf der Seite und tief in der See. Schreie, Hilferufe, Chaos. Ein Rettungsboot scheint zu schwimmen, doch es ist noch an den Davits befestigt. Hektisch versuchen die Seeleute, es loszumachen, doch es gelingt ihnen nicht. Die *Goðafoss* sinkt zu schnell und nun hängt auch das Rettungsboot schräg im Wasser. Wer darin sitzt, fällt in den kalten Atlantik.

Sigurður Guðmundsson erinnert sich an diese dramatischen Augenblicke:

Nach der Detonation kam ich wieder zu mir. Ich eilte sofort zu einem Rettungsfloß. Alles geschah so unglaublich schnell. Das Heck des Schiffes lag bereits unter Wasser. Jetzt war es an der Zeit, zu ent-

kommen. Óli, der älteste Sohn des Ärztepaares, stand an meiner
Seite, er trug keine Rettungsweste. Ich gab ihm meine.

Kombüsengehilfe Guðmundur Finnbogason weiß weder ein noch
aus, als er auf dem Deck steht. Er schaut in die Augen von Pétur
Már Haflíðason, dem Teenager, der nur diese eine Reise unternehmen wollte.

Wir standen auf dem Bootsdeck, an der Stelle, an der die Passagiere
üblicherweise den Speisesaal betraten. Pétur sagte mir, dass er zu
seinem Vater in den Maschinenraum hinuntergehen wolle. Ich ergriff
seine Hand und beschwor ihn: »Gehe nicht, Pétur, es ist zu spät!«

Aber der Junge lässt sich nicht abhalten. Er will zu seinem Vater.
Eine große Welle erfasst das Schiff. Es ist das letzte Mal, dass Pétur
gesehen wird.

+++

Zeitgleich +++ Halbinsel Reykjanes

Die Augenzeugen, die sich nahe dem Leuchtturm von Garðskagi
versammelt haben, können kaum erahnen, was sich an Bord ab-
spielt. Sie sehen, dass ein Schiff in Not ist, etwa zwei Seemeilen von
Land entfernt, doch dass es sich um die *Goðafoss* handelt, wissen sie
nicht. Sie sehen, dass sich das Schiff zur Seite neigt, sie sehen den
Dampf. Sie rätseln, was geschehen sein mag, denn sie haben keine
Explosion gehört. Das Heck sinkt zunächst langsam, dann scheint
sich das Vorderteil regelrecht aufzubäumen, steigt beinahe senk-
recht auf, bevor das Schiff ganz in der See verschwindet. Nichts ist

zu sehen – keine Leute, keine Boote. In einiger Entfernung erkennt man andere Schiffe.

+++

Zeitgleich +++ Faxaflói-Bucht +++
An Bord von U-300

Durch das Periskop beobachtet U-Boot-Kommandant Hein, wie das Dampfschiff untergeht. Die Mannschaft hat gejubelt, als sie den Treffer hörte, einige applaudieren. Endlich ein Erfolg für das Boot! Der Kommandant sieht, dass eine Korvette um die *Goðafoss* herumfährt, die ununterbrochen Morsezeichen sendet. Weil es ständig die Richtung ändert, ist es nicht möglich, einen Torpedo abzufeuern.

+++

Währenddessen +++ Faxaflói-Bucht

Kapitän Gíslason, der nicht von Bord gegangen ist, steht auf der Kohlenluke gleich hinter dem Schornstein, als das Meer über ihm zusammenbricht. Er versucht mit aller Kraft, sich über Wasser zu halten, wird aber vom Sog erfasst und in die Tiefe gezerrt. Er trägt seinen gefütterten Wintermantel. Einen Augenblick später sieht Eymundur Magnússon, der ebenfalls von der See gepackt worden ist, dass der Kapitän »wie eine Rakete« wieder an die Wasseroberfläche schießt. Es hat es geschafft, den schweren Mantel unter Wasser abzustreifen.

Frímann Guðjónsson ist es gelungen, Áslaug Sigurðardóttir auf das Rettungsfloß zu ziehen. Wie betäubt sieht er, wie das Heck der *Goðafoss* versinkt und das Rettungsboot kentert. Er sieht Kinder im Wasser. Er sieht eine Kinderbettdecke, die davontreibt. Das Floß entfernt sich durch die Dünung und den Wind, der mit sieben bis acht Beaufort weht. Man kann nichts unternehmen, um den Kindern, ihren Eltern und den anderen, die im eiskalten Atlantik um ihr Leben kämpfen, zu helfen. Einige klammern sich an Wrackteile, andere haben nicht mal das.

Die Insassen des Rettungsfloßes, das völlig überladen ist, versuchen trotzdem, anderen, die im Wasser schwimmen, zu helfen. Ingólfur Ingvarsson, der mit dem Rettungsboot gekentert war, erinnert sich:

> *Das Meer war eiskalt. Ich sah das Floß in meine Richtung schwimmen, streckte die Hand aus. Baldur Jónsson und einige andere, die bereits darauf waren, zogen mich aus dem Wasser. Es herrschte dichtes Gedränge, sodass ich mich nicht einmal mehr setzen konnte. Ich musste stehen und hielt mich an den nächstbesten Schultern fest.*

Guðmundur Finnbogason dreht sich wie ein Kreisel im finsteren Wasser und denkt, dass er nun sterben wird:

> *Irgendwie fand ich mich mit dem Gedanken ab, zu ertrinken. Doch dann dachte ich an meine Mutter. Was wird Mutter wohl denken, wenn sie die Nachricht von meinem Tod erhält? Sie hat mich ständig darum gebeten, die Seefahrerei während des Krieges aufzugeben, doch ich habe nicht auf sie gehört. Was wird sie nun sagen?*

Arnar Jónsson hat sich an einem Draht geschnitten, als er das Rettungsfloß losmachte:

Als ich mit Ingólfur Ingvarsson, Baldur Jónsson und einigen anderen auf das Floß gelangte, sah ich um uns herum noch Leute im Wasser, denen wir nicht helfen konnten. Es war schrecklich. Ich musste auch an all diejenigen denken, die nicht mehr rechtzeitig das Schiff verlassen konnten – wie etwa der Maschinist, der unten Wache geschoben hatte – und jetzt mit der Goðafoss untergingen. Meiner Meinung nach hielten wir uns mit dem Floß zu dicht an dem sinkenden Schiff auf; der Sog konnte gefährlich werden. Daher entschloss ich mich, ins Wasser zu springen und davonzuschwimmen.

Als Sigurður Guðmundsson mit dem kleinen Óli in den Armen untertaucht, kann der Matrose den Jungen nicht festhalten:

Wir sanken tiefer und tiefer, der Sog des untergehenden Schiffes zog uns hinunter. Es brauchte reichlich Kraft, um ihm zu entkommen. Plötzlich verlor ich die Gewalt über den Jungen. Nur noch ein Gedanke schoss mir durch den Kopf: mich retten. Nach oben schwimmen, weiter hinauf, hinauf, hinauf. Und atmen.

Ich schluckte Meerwasser, hatte dieses widerliche Salzwasser im Mund, in der Nase und in den Ohren. Als ich an die Wasseroberfläche gelangte, musste ich tief durchatmen, wieder und immer wieder, strampelte unaufhaltsam, um mich über Wasser zu halten. Die Gummistiefel waren unglaublich schwer geworden, ich musste sie loswerden. Ich trat sie im Wasser ab und hatte nur noch Socken an den Füßen.

Ich hielt nach dem kleinen Óli Ausschau. Es war hoffnungslos, wohin ich bei diesem starken Seegang auch blickte. Er war verschwunden. Mir wurde allmählich klar, dass ich den Jungen nicht mehr wiedersehen würde. Der Sog musste ihn in die Tiefe mitgerissen haben.

Baldur Jónsson sucht auf dem Rettungsfloß panisch nach seinem Messer:

Das Schiff sank so schnell, dass wir nicht wussten, wie uns geschah. Ich suchte in allen Taschen nach meinem Messer. Wir mussten unbedingt die Reißfangleine kappen, damit das Floß nicht zusammen mit dem Schiff unterging. Aber ich fand es nirgends! Ich hatte bei diesen Seefahrten immer ein Messer dabei. Mir fiel ein, dass ich den Overall gewechselt hatte, als ich die Jungs wegen des brennenden Öltankers zusammentrommeln sollte. Mein Messer steckte im Anzug, der in der Kabine lag! Um uns herum schwammen die Leute; niemand auf dem Floß trug ein Messer mit sich. Meine Sorge legte sich zunächst, als ich eine große Axt erblickte, die am Floß befestigt war. Ich wollte sie ergreifen, aber sie ließ sich nicht abnehmen. Im Loch Ewe waren die Rettungsflöße überprüft worden, doch diese Axt saß felsenfest. Ich fluchte.

Ich sah Szenen, die ich nie wieder vergaß: Ein Mann war voller Verzweiflung die Wanten des Vormastes hochgeklettert. Dort hing er nun. Nur noch ein Teil des Mastes und des Stevens ragten aus dem Wasser. Er ging mit dem Schiff unter, chancenlos. Ich erblickte einen Briten, den ich eine halbe Stunde zuvor gesehen hatte. Ihm fehlten die Augen. Seine Nase und Hände waren verbrannt. Er trieb an uns vorüber, auf dem Rücken. Der arme Kerl lebte noch, er spuckte einen Wasserstrahl aus. Was für ein jämmerliches Schicksal! Ich wollte die Hand nach ihm ausstrecken und ihn festhalten, als der Mast in unsere Richtung kippte. Er wird das Floß versenken, dachte ich.

Ingólfur Ingvarsson erlebt diesen Augenblick neben Baldur Jónsson:

Wir machten uns sofort bereit. Ich stemmte meine Schulter gegen den Mast, um das Floß fortzubewegen. Als ich mit aller Kraft zu drücken begann, lag er fast schräg über uns. Einen Augenblick später veränderte sich seine Lage; er stand nun etwas senkrechter im Wasser. Gleichzeitig hörten wir ein entsetzliches Dröhnen, ein Schreien, ein Brüllen des Stahls. Und dann war diese Ruhe, diese furchtbare Stille. Um uns herum schwammen Trümmer.

Baldur Jónsson hält wieder nach dem Verletzten Ausschau:

Nachdem wir uns vom Mast abgestoßen hatten, versank er neben dem Floß. Sogleich wollte ich mich wieder dem verletzten Briten in der See zuwenden, ich sah mich nach ihm um, konnte ihn aber nirgends entdecken. Offensichtlich war er ertrunken. Der Kampf mit dem Mast hatte uns wertvolle Zeit gekostet, die ich gebraucht hätte, um ihn zu retten. Jetzt war es zu spät.

Die Reißfangleine des Floßes war nun stramm gespannt. Das sinkende Wrack zog das Floß mit sich. Es war schrecklich. Würde uns der Dampfer in die Tiefe reißen? Ich fluchte lautstark, weil ich mein Messer in dem anderen Overall gelassen hatte. Es war unglaublich wichtig, immer ein Messer dabeizuhaben. Niemand hatte eins. Die Axt befand sich in einer Hülle außen am Floß, aber wir bekamen sie nicht los, vielleicht klebte an der Stelle Farbe, vielleicht hatte sich Rost gebildet – keine Ahnung. Steward Guðjónsson war außer sich: »Was sind das nur für Seeleute, die kein Messer bei sich haben!«

Ich herrschte ihn an: »Reiß dich zusammen, Guðjónsson!«

Ich trat gegen die Axt, wollte sie mit aller Gewalt aus der Hülle zerren, als die Leine im nächsten Moment von selbst riss – vermutlich, weil das beladene Floß so schwer war. Es trieb jetzt schnell davon. Ich werde nie vergessen, welche Erleichterung ich in diesem Augenblick spürte.

In einiger Entfernung sahen wir das Steuerbordrettungsboot Nummer eins. Es war gekentert. Fünf bis sechs Mann klammerten sich an den Kiel. Der Sturm und die Wellen raubten uns jegliche Kraft und Möglichkeit, auch nur annähernd in ihre Nähe zu kommen.

Die *Goðafoss* ist im Atlantik verschwunden. Wie viele der dreiundvierzig Menschen, die zum Zeitpunkt des Untergangs an Bord sind, schon in diesen Minuten sterben? Das Ärzteehepaar Sigrún Briem und Friðgeir Ólason sowie ihre drei Kinder Óli, Sverrir und Baby Sigrún sind bereits tot. Auf dem Wasser treibt eine Jacke, die das Baby trug.

Guðmundur Finnbogason hat sich zwar mit dem Tod abgefunden, doch er schwimmt weiter.

Plötzlich schoss ich aus den Wellen empor. Ich hatte reichlich Wasser geschluckt und rang um Atem. Ich blies wie ein Wal. Die Goðafoss verschwand gerade im Meer. Die Brücke war schon untergegangen – nur noch der Steven und ein Teil des Vorderschiffes ragten aus dem Wasser. Um mich herum in der See sah ich Menschen. Ganz in meiner Nähe war der Heizer Jón Kristjánsson. Ein Engländer schwamm einige Meter vor uns. Ich erspähte ein Floß, auf dem sich unter anderem Baldur Jónsson befand. Kristjánsson und ich versuchten, geradewegs zum Floß zu gelangen, das recht schnell davontrieb. Der Seegang war so stark, dass ich mit jedem zweiten Schwimmschlag untertauchte. Ich schätzte mich glücklich, keine Rettungsweste angelegt zu haben. Es war zu anstrengend, damit zu schwimmen. Lediglich eine dünne Hose und ein T-Shirt trug ich noch am Leib, die Schuhe hatte ich inzwischen verloren. Als ich hochblickte, um mich

zu orientieren, sah ich plötzlich den Engländer vor uns. Er hob unver-
mittelt beide Arme hoch, so als stünde er aufrecht im Wasser. Dann
tauchte er unter. Er verschwand in den Wellen. Es war, als hätte ihn
eine riesige Hand aus der Tiefe gepackt und hinuntergezogen.

Matrose Sigurður Guðmundsson hält sich in den Wellen irgendwie
über Wasser:

Im Wasser um mich herum schwammen Kameraden und Passagiere.
Leute, die ich mochte, mit denen ich gemeinsam gereist war, unter
ihnen auch die Briten, die wir erst kürzlich gerettet hatten. Ich hörte
Rufe und Schreie. Ein unheimlicher Augenblick. Aus irgendeinem
Grund machte mir die Kälte kaum zu schaffen. Zuerst hatte ich sie
gespürt, doch dann kam es mir so vor, als würde mir wieder wärmer
werden. Ich trug ein Hemd und eine Unterhose aus Wolle. In kurzer
Entfernung erblickte ich den Heizer Árni Jóhannsson, aber ich konnte
ihm unmöglich helfen. Jeder hatte mit sich selbst genug zu tun.

Währenddessen kämpft der Kombüsengehilfe Finnbogason um
sein Leben:

Schon früher hatte ich Menschen ertrinken sehen, die – genau wie der
Engländer – plötzlich die Arme hoben und dann versanken. Einmal
hatte ich zwischen den Färöern und Großbritannien Schiffbrüchige
gesehen, die in der See ums Überleben rangen und sich an Trüm-
merteilen festhielten. Ihr Schiff war beschossen worden. Wie andere
auch durften wir nicht anhalten und sie retten. Auf einmal sah ich,
wie einer der Männer verschwand. Wie eine Boje ragte er zunächst
aus dem Wasser, die Hände in Richtung Himmel gestreckt, und im
nächsten Augenblick verschlang ihn das Meer. Die anderen Männer
ertranken auf dieselbe Weise. Als hätte man aus ihren Körpern Luft

herausgelassen, sanken sie widerstandslos in die Tiefe. Es war ein
furchtbarer Anblick.

 Jetzt brachen unerwartet Wellen über mich herein, ich schwamm
mit offenem Mund auf dem Rücken und schluckte Salzwasser. Ich
dachte, dass ich unterginge, war überzeugt davon, dass ich dort
draußen ertrinken würde. Ich drehte mich und wollte mich mit ru-
dernden Armen und Beinen an der Meeresoberfläche halten, ver-
gebens. Ich spürte Angst in mir, eine Angst wie niemals zuvor.

Ingólfur Ingvarsson sieht den Kombüsengehilfen, kann ihm aber
nicht helfen. Ein eisiger Wind peitscht über das Meer, Schneetreiben hüllt das Floß ein. Die Schiffbrüchigen zittern vor Kälte:

In den Wellen trieben zahlreiche Trümmer, einige Leute hielten sich
krampfhaft an ihnen fest, andere versuchten zu schwimmen. Der
Heizer Jón Kristjánsson umklammerte einen Lukendeckel. Einige
Leute riefen um Hilfe. Die See peitschte über das Floß hinweg. Uns
war es gelungen, den Heizer Árni Jóhannsson aus dem Wasser zu
ziehen. Außer mir befanden sich jetzt Frímann Guðjónsson, Áslaug
Sigurðardóttir, Agnar Kristjánsson, Baldur Jónsson, Guðmundur
Árnason und der vierzehnjährige Kajütenjunge Stefán Skúlason auf
dem Floß. Nicht weit entfernt kauerten einige auf dem Kiel eines
Rettungsbootes der Goðafoss, unter ihnen Sigríður Þormar. Wei-
tere Personen konnte ich nicht erkennen.

Guðmundur Finnbogason, der zum zweiten Mal an diesem Tag die
Hoffnung aufgegeben hatte, schöpft neuen Mut:

Ich konnte wieder atmen und spie das Meerwasser aus. Ich wollte so
schnell wie möglich zum Floß gelangen, das ich nicht weit von mir
entfernt entdeckt hatte. Statt auf dem Rücken zu schwimmen, ver-

suchte ich es kraulend. Aber es gelang mir nicht. Was ich auch un-
ternahm – meine Hände landeten immer wieder ohne jede Wirkung
im Wasser. Dann probierte ich es mit Brustschwimmen. Das ging
ziemlich gut, ich bekam meinen Körper unter Kontrolle. Jetzt musste
ich nur weiterschwimmen, dann würde ich das Floß bald erreichen.
Erst musste ich dieses fürchterliche Erstickungsgefühl loswerden.

Der Matrose Ingvarsson schaut besorgt hinüber zu den Leuten, die
auf dem Kiel des Rettungsbootes hocken:

Ich dachte, dass sie unmöglich lange dort ausharren können. Oben
an der Kabine der Funker hatte sich ein gelber Schwimmkork be-
funden, zwei Meter lang, einen Meter breit. Dieser Schwimmkork
trieb zu uns ans Floß, wahrscheinlich hatte er sich beim Untergang
der Goðafoss gelöst. Ich sprang auf den Kork. Mit Hilfe eines Ru-
ders konnte ich zu den Leuten gelangen, die sich am Kiel des Ret-
tungsbootes festhielten. Mindestens fünf. Ich musste sie retten. In
der Gruppe befand sich auch Sigríður Þormar, ich erkannte sie an
meinem Anorak, den ich ihr gegeben hatte, kurz bevor das Schiff
unterging. Es war ein auffälliges Kleidungsstück: ein großer, dicker,
rotbrauner Anorak. Offenbar hielten sich außer ihr einige Briten von
der Shirvan an dem Kiel fest – sie trugen bloß Hemden und Hosen.
War es möglich, das gekenterte Rettungsboot zu drehen, wenn fünf
bis sechs Mann auf dem Kork stünden und halfen?

Guðmundur Finnbogason schwimmt in den kalten Wellen, weiter
und immer weiter in Richtung des Floßes:

Ich sah den Heizer Jón Kristjánsson, der sich an einem Lukendeckel
festhielt. Bis zum Floß waren es noch etwa fünfundzwanzig bis drei-
ßig Meter. Wir kämpften uns weiter durch die Wellen, die jetzt zum

Glück von hinten angerollt kamen. Am schlimmsten war es, wenn sie spontan gegen uns schlugen. Ich hielt die Luft an, um nicht wieder Salzwasser zu schlucken. Es war ein einziger Kampf, sich bei diesem unbarmherzigen Seegang über Wasser zu halten. Aber irgendwie spürte ich meine Kraft wachsen, als ich das Floß sah.

Dorthin wollte ich, das war mein Ziel, koste es, was es wolle.

Um 13:21 Uhr ein Ruf, ein Freudenschrei! Ein Begleitschiff kommt auf die Schiffbrüchigen zu, es ist die *Northern Reward*. Das ist die Rettung! Alle, die frierend auf dem Rettungsfloß treiben, auf dem gekenterten Boot um ihr Leben bangen, die verzweifelt Wrackteile umklammern oder im kalten Atlantik schwimmen, durchfährt das Gefühl der Hoffnung. Auch ein Rettungsboot ist an Bord der *Northern Reward*. Es war ausgeschwenkt – also zum Fieren bereit.

Doch was geschieht? Ist das möglich?

Matrose Ingvarsson mag es kaum glauben: Die Besatzung der englischen Korvette unternimmt nichts, um die Verzweifelten zu bergen.

Die Korvette fuhr zwischen den Trümmern auf uns zu. Ich hörte, wie einer der Soldaten herunterrief: »We will come back!« Sie kommen zurück? Sie lassen uns treiben? Was zum Teufel sollte das bedeuten? Wann würden sie zurückkommen?

Aber es kam noch schlimmer: Man begann damit, Wasserbomben aus der Korvette in die See zu werfen! Unmittelbar in unserer Nähe! Offensichtlich wollten sie das U-Boot zerstören, das die Goðafoss versenkt hatte. Und das so unglaublich nahe den Trümmern und den Menschen, die mit letzter Kraft ums Überleben kämpften. Zunächst dachte ich mir, dass die Briten das Wrack der Goðafoss bombardierten, möglicherweise hatte ihnen das Ortungsgerät angezeigt, dass es sich um ein U-Boot handelte.

Ich machte mir Sorgen um die Leute, die noch in der See und auf dem Kiel des Rettungsbootes ausharrten, und war mir sicher, dass die Korvette mehr Schaden anrichtete, als sie uns nutzen könnte. Das war überhaupt nicht gut. Dachten sie nicht an all die Menschen im Wasser? Den Schlag einer solchen Bombe würden die Schiffbrüchigen viel stärker zu spüren bekommen als die Leute an Bord eines Schiffes. Die Detonationen würden es ihnen deutlich schwieriger machen – der Mann, der sich an dem Lukendeckel festhielt, und seinesgleichen hatten kaum eine Chance auf Rettung. Nach dem Abwurf der Bomben sah ich eine weiß schäumende Säule mit schwarzen Streifen aus der See aufsteigen.

Dieses Verhalten war mir schier unbegreiflich. Ich sah ja ein, dass die Briten das U-Boot treffen wollten. Aber warum ausgerechnet so nah an der Goðafoss und all den Schiffbrüchigen im Wasser? Wollten sie die Bomben direkt auf das Wrack abwerfen? Eine andere Erklärung leuchtete mir nicht ein, denn das U-Boot musste sich schon weiter weg befinden. Mehrere Wasserbomben hatten sie bereits abgeworfen. Ich bin überzeugt, dass Menschen im Wasser starben. Die wurden von den Wasserbomben getötet.

Währenddessen schwimmt der Matrose Sigurður Guðmundsson weiter, immer weiter:

Ich fürchtete nicht den Tod, dachte aber an meine Angehörigen und Freunde. Die Kälte betäubte mich. Es war mir einerlei, ob ich das Floß erreichen würde oder nicht. Meine Gedanken erlahmten, eine gewisse Gleichgültigkeit und Lethargie ergriffen mich. Ich konnte niemandem helfen, niemanden retten. Nur wenn ich den kleinen Óli zu Gesicht bekommen hätte, dann hätte ich wohl alles getan, um ihm zu helfen.

Unzählige Male tauchte ich die Arme ins Wasser. Ich schwamm

und schwamm immer weiter, nicht weniger als eine halbe Seemeile.
Zweimal spürte ich eine Detonation. Ein Begleitschiff warf Wasser-
bomben, jedes Mal wurde mein Brustkorb zusammengedrückt. Es
schmerzte. Trotzdem peilte ich unbeirrt dieses eine Ziel an: das Floß.

Ingólfur Ingvarsson entdeckt Sigurður Guðmundsson und wartet,
bis er das Floß erreicht. Es sind gemischte Gefühle: Freude, dass
sein Kamerad noch lebt. Wut, Entsetzen über die Wasserbomben.

Ich hielt es für unmöglich, dass sich das U-Boot auf genau jener
Position befinden sollte, auf der die Korvette die Bomben abwarf.
Es musste längst abgedreht haben. Um mich herum waren meine
Kameraden, viele lebten noch, einige waren tot, andere schwebten
in Lebensgefahr. Alles war so rasch gegangen. Innerhalb von fünf
bis sieben Minuten war der Dampfer gesunken. Es war noch gar
nicht lange her, dass wir uns auf die Ankunft in Island vorbereitet
hatten, doch jetzt kauerten wir durchnässt und unterkühlt auf dem
Rettungsfloß, während die Briten Bomben von der Korvette warfen.

Die Kräfte von Sigurður Guðmundsson lassen nach, aber er erreicht
das Floß:

Man zog mich aus dem Wasser. Ich hatte keine Kraft mehr, ohne
Hilfe wäre ich niemals aufs Floß gekommen. Etwa zwanzig Minu-
ten war ich geschwommen. Mein Körper und meine Seele waren
derart betäubt, dass es mir völlig gleichgültig war, ob ich das Floß **133**
erreichte. Ein sonderbares Gefühl. Ich war wie gelähmt. Ich zitterte,
ich bibberte, hörte, wie der Wind heulte und die Wellen brausten.
Ich fühlte mich trotz allem auf eine seltsame Weise geborgen. Mich
beschlich eine Sorge: Sollte uns die britische Korvette an Bord auf-
nehmen, könnte sie zum nächsten Ziel der U-Boot-Männer werden.

Das Floß hatte die Form eines Rechtecks. Leere Tonnen an den Längsseiten dienten als Schwimmer, sie waren an Holzgestellen befestigt. Zwischen den Gestellen lagen Bretter, die den Boden des Floßes bildeten. Wir saßen auf den Gestellen, die Beine auf dem Boden. Wasser spritzte immer wieder zwischen den Brettern hoch, sodass alle nass wurden. Einige hatten versucht, sich Schutzkleidung überzuziehen – Ölzeug aus einer wasserdichten Blechkiste. Aber unsere Hände waren so kraftlos und steif vor Kälte, dass wir das Ölzeug kaum auseinanderbekamen. Es klebte zusammen. Das Floß ließ sich nicht steuern, wir trieben wie ein Flaschenkorken auf dem Meer.

In den nächsten Minuten treibt das Floß auf ein anderes zu, auf dem nur ein Überlebender sitzt. Es bietet sich die Chance, die drohende Überladung zu entschärfen. Baldur Jónsson erlebt es so:

Wir versuchten, irgendwie mit den Händen zu rudern und in Richtung eines anderen Floßes zu gelangen, auf dem sich nur ein einziger Mann, ein Brite, befand. Das half wenig, doch unser Floß trieb schneller als das andere, weil der Wind uns wie ein Segel anschob. Wir näherten uns dem Mann und warfen ihm eine Fangleine hinüber, damit wir die Flöße zusammenbinden konnten. Allerdings: Der Brite rührte sich nicht, saß nur gekrümmt auf seinem Platz. Seine Hände hatten vermutlich Verbrennungen erlitten, er war nicht in der Lage, an dem Seil zu ziehen. Trotzdem musste er zuvor zum Floß geschwommen und aus eigener Kraft hineingestiegen sein. Ich verstand nicht, wie es ihm in diesem Zustand gelungen war.

Das Rettungsgefährt liegt tief in den Wellen, es droht zu kentern oder unterzugehen, denn es ist mit dreizehn Schiffbrüchigen überladen: An Bord befinden sich die Matrosen Baldur Jónsson, Ingólfur Ingvarsson, Sigurður Guðmundsson und Jóhann Guð-björnsson, der Kaltkoch Arnar Jónsson, der Kombüsengehilfe Guðmundur Finnbogason, der Steward Frímann Guðjónsson, der Kellner Guðmundur Árnason, der Kajütenjunge Stefán Skúlason und der Heizer Árni Jóhannsson. Außerdem die beiden Passagiere Agnar Kristjánsson und Áslaug Sigurðardóttir sowie ein Boots-mann der *Shirvan*. Dennoch weigern sich zunächst einige, zu dem verletzten Briten hinüberzusteigen. Niemand will das Floß verlas-sen, auf dem Áslaug Sigurðardóttir hockt, denn sie hatte während der Überfahrt erzählt, dass ihr ein Wahrsager den Untergang eines Schiffes vorhergesagt hatte: Sie werde diese Havarie überleben.

Zögerlich steigen drei Mann hinüber, weitere folgen, bis nur noch vier Personen auf dem ersten Floß zurückbleiben – Áslaug Sigurðardóttir, Frímann Guðjónsson, Baldur Jónsson und ein wei-terer Mann. Dass man Sigríður Þormar und den anderen, die sich auf dem Kiel des Rettungsbootes befinden, zu Hilfe kommt, ist ausgeschlossen: Der Abstand ist zu groß, der Gegenwind zu stark und es gibt keine Möglichkeit, ohne Paddel dorthin zu rudern. Auf dem Floß des einsamen Briten finden sich Decken, die sogar einigermaßen trocken sind.

Áslaug Sigurðardóttir macht die Kälte zu schaffen:

Die Windböen wühlten das Wasser auf und erzeugten hohe Wellen, die Gischt peitschte uns ins Gesicht. Mir war furchtbar kalt. Ich trug ein sehr hübsches violettes Kleid, darüber einen dicken Mantel. Außerdem trug ich feine Schuhe und eine Kopfbedeckung – ich hatte mich für die Ankunft in Reykjavík schick gemacht. Ich wusste nicht, wie ich mir geholfen hatte. Mir kam es so vor, als wäre ich rein zu-fällig auf das Floß gelangt.

Auf einem anderen Floß treiben fünf Seeleute der *Goðafoss* und der Steuermann der *Shirvan*. Auch Kapitän Gíslason, dem es gelungen war, dem Sog des untergehenden Dampfers zu entkommen und zu schwimmen, bis er mit letzter Kraft die Fangleine des Floßes erreichte. Magnússon und der Brite zerrten ihn an Bord. Stefán Dagfinnsson und die Funker Aðalsteinn Guðnason und Eyjólfur Eðvaldsson haben es ebenfalls geschafft, was besonders im Falle Eðvaldssons erstaunt: Er hat eine schwere Verletzung am Kopf.

+++

Währenddessen +++ Reykjavík

In Reykjavík hat sich die Nachricht herumgesprochen: Die *Goðafoss* ist gesichtet worden! Nicht mehr lange, dann wird das Schiff einlaufen. Angehörige freuen sich, sind erfüllt vom Gedanken, endlich ihre Lieben in Empfang nehmen zu können, Ehefrauen, Kinder, Schwestern, Eltern, Freunde machen sich bereit, hinunter an den Hafen zu gehen.

+++

13:42 Uhr +++ Faxaflói-Bucht +++
An Bord von U-300

Einige Meter unter der Wasseroberfläche sind aus Jägern nun Gejagte geworden. Die Deutschen lauschen und warten auf den Gegenschlag der Geleitschiffe. Kein Geräusch ist zu hören, alles ruhig, kein rhythmisches Mahlen von Schiffsschrauben. Kommandant

Kleiner Frieden im Krieg: Horst Koske und Willi Zacharias während einer Pause im Turm von *U-300*. Dass die Besatzungsmitglieder ans Freie kommen, ist selten. Wochenlang fährt das Boot, ausgerüstet mit einem Schnorchel, ohne aufzutauchen unter Wasser. Manchmal ist die Luft an Bord so schlecht, dass die Soldaten ohnmächtig werden, wenn Frischluft ins Boot strömt.

Hein hat die Maschine stoppen lassen. Das Boot taucht weiter hinunter. Einige Minuten später lässt Hein das Boot aufsteigen, um Ausschau zu halten, erkennt aber wegen der schlechten Sicht kaum etwas. Die *Shirvan* brennt noch immer. Später nähert sich ein Jagdflugzeug. Hein befiehlt sofortiges Abtauchen auf zwanzig Meter Tiefe. Er glaubt, das Geräusch von Ortungsgeräten vernommen zu haben, und lässt deshalb einen so genannten Köder abschießen, der Luftblasen von sich gibt und die Verfolger in die Irre führen soll. Dann: Wasserbomben!

Fünf Detonationen, ganz in der Nähe. Das Sonar des U-Bootes fällt aus, die Bomben explodieren so nahe, dass viele Mikrofone beschädigt werden. Es gibt nur eine Chance: die Tiefe. Hein lässt auf vierzig Meter abtauchen, viel mehr Spielraum bleibt nicht. An der tiefsten Stelle ist die Faxaflói-Bucht sechzig Meter tief, dort wollen die U-Boot-Leute Schutz suchen.

+++

Eine Stunde später +++ Faxaflói-Bucht

Noch immer trifft keine Hilfe ein. Die Korvette ist nicht zurückgekehrt. Matrose Ingvarsson beschreibt die Situation so:

Ich unterhielt mich mit dem Briten, der alleine auf dem Floß gesessen hatte. Er erzählte mir, dass er schon dreimal in solch einen Überlebenskampf geraten sei. An nur einem einzigen Tag sei er an Bord von zwei Schiffen gewesen, beide seien angegriffen worden. Er erzählte auch, dass er einmal mit der Besatzung eines britischen Schiffes in einer Hafenstadt von Nordafrika angelegt habe, in der wenig später die Deutschen eingefallen seien. Sie nahmen ihn und seine Kameraden gefangen. Erst nach mehreren Monaten konnten sie befreit werden.

Ich fand es sonderbar, dass ich die Kälte kaum noch spürte. Gewiss konnte ich mich glücklich schätzen, dass ich Wollunterwäsche unter meinem dünnen Khakianzug trug. Zuerst hatte es den Anschein, als würden wir uns im Schutz des Festlandes befinden. Stattdessen erfasste uns ein südlicher Wind und trieb uns weiter nach Norden. Der Seegang wurde immer stärker, so kam es mir vor, die Gischt peitschte über uns hinweg. Bei jeder Bewegung des Floßes mussten sich alle krampfhaft festhalten. Die Leute um mich herum zitterten vor Kälte.

Wo blieb die Rettung?

+++

Zeitgleich +++
Auf dem Rettungsboot der Shirvan

In einigen Seemeilen Entfernung treibt das Rettungsboot mit Überlebenden der *Shirvan*. Einige sind tot, erfroren. Steuermann Reid ist stark unterkühlt.

Ich trug nur meine Uniformjacke und eine Unterhose. Das Handtuch, in das ich mich gewickelt hatte, um ins Bad zu gehen, meine Schuhe: alles verschwunden. An einem Ruder saß der Mann, der auf der Shirvan *den Posten an der Flugabwehrkanone besetzt hatte. Er trug zwei wollene Anoraks. Es schien ihm bestens zu gehen. Zu meiner Überraschung schaute er mich an und fragte: »Willst du einen Anorak kaufen?«*

Ich stutzte. Ich mochte es nicht glauben.

»Fünf Pfund«, sagte er nun. Dieser verdammte Kerl wollte mir tatsächlich einen Anorak verkaufen! Auf dem Rettungsboot!

»Nein danke«, antwortete ich. »Nein danke.«

Obwohl er so warm bekleidet war, sah ich nun, dass ihn ein wenig fröstelte.

Ich hielt die Metallstange, die ich zum Steuern benötigte. Ich fürchtete, dass meine Hand an der Stange festfrieren könnte. Also wechselte ich die Hände häufig und rieb die nassen Handflächen immer wieder aneinander. Dann hatte ich eine gute Idee: Eine Hand steckte ich diesem unverschämten Kerl unter die Jacken. Wenn sie sich erwärmt hatte, nahm ich die andere und stopfte sie ebenfalls unter seine Bekleidung. Das wiederholte ich eine Weile.

+++

13:48 Uhr +++ Reykjavík +++
Im Büro der Rettungsgesellschaft

Wieder meldet sich die Rettungsgesellschaft von Reykjavík telefonisch bei Jóhannes Jónsson, um sich nach der Lage vor Garðskagi zu erkundigen. Jónsson kann nichts Gutes berichten: Er erzählt von der Explosion eines zweiten Schiffes, das sehr schnell gesunken sei. Weitere Schiffe seien gesehen worden, Frachter und Begleitschiffe, die in die Bucht gefahren und nun auf direktem Wege nach Reykjavík unterwegs seien. Ein Patrouillenboot, das aus Richtung der Halbinsel Seltjarnarnes aufkreuzte, werfe Wasserbomben und zahlreiche Flugzeuge kreisten über der Untergangsstelle.

+++

Baldur Jónsson bemerkt, dass sein Freund Frímann Guðjónsson vor Kälte zittert. In den Haaren der Schiffbrüchigen haben sich kleine Eisstücke gebildet:

Áslaug Sigurðardóttir und Frímann Guðjónsson ging es sehr schlecht. Der Steward hatte meine Strickmütze bekommen. Ich war noch nicht erschöpft, war ohne nass zu werden mit dem Matrosen Jóhann Guðbjörnsson aufs Floß gestiegen. Allerdings überraschte es mich, dass nicht noch mehr Leute herüberkamen, als wir es über Bord warfen. Auf dem Bootsdeck konnte man kaum etwas erkennen, weil sich dort überall der Dampf ausgebreitet hatte. Trotzdem mussten uns einige auf dem Floß gesehen haben, sie verpassten uns. Es mussten um die fünfzehn bis zwanzig Minuten vergangen sein, bis das Vorderschiff der Goðafoss verschwunden war. Danach kreuzte die Korvette auf. Geradezu katastrophal fand ich, dass niemand den Schiffbrüchigen auf dem Kiel des Rettungsbootes zu Hilfe kam. Es machte mich wütend. Einer nach dem anderen verlor die Kraft und glitt ins Meer. Nur noch drei waren übrig. Wir waren auf dem Floß recht sicher, aber sie? Ich fühlte Wut. Nicht gegen die Angreifer im U-Boot, damit rechnete man doch irgendwie. Aber dass die Korvette nichts unternahm, die Leute vom Kiel zu bergen, erfüllte mich mit Wut. Ich erinnere dieses Gefühl sehr gut.

Ingólfur Ingvarsson sieht hinauf in den Himmel:

Aus den Flugzeugen wurden Schwimmer zu uns hinuntergeworfen, eine Art Ballons. Aber sie hatten keinen großen Nutzen, denn im Wasser um uns herum lebte niemand mehr. Alle waren tot, ertrunken, erfroren. Es war zu spät. Außerdem sprangen die Schwimmer

141

wie Bälle auf dem Wasser. Ich konnte mir nicht vorstellen, dass man sie gut erreichen und festhalten konnte. Wir setzten ein Segel, das uns vor der spritzenden Gischt ein wenig schützte.

Kaltkoch Arnar Jónsson blutet stark, friert und spürt seine Hände und Füße kaum noch. An drei Fingern klaffen tiefe Wunden, nachdem er versucht hatte, ein Rettungsfloß an Bord der *Goðafoss* loszumachen:

Uns war kalt. Die Wellen schlugen bei Sturm und Schneefall über dem Floß zusammen, sie waren sehr hoch. Und sie trugen das Floß ständig auf und ab. Einen Augenblick lang sah man nur das Meer, im nächsten Moment die Halbinsel Reykjanes. Mir war unwohl. Wir hatten uns auf der sicheren Seite gefühlt, das Schiff war heil über den Atlantik gekommen, Reykjavík befand sich fast in Sichtweite. Werden wir überleben? Das war mein einziger Gedanke. Jetzt war eingetreten, wovor mich Árni beim Gläserrücken ein Jahr zuvor gewarnt hatte.

Guðmundur Finnbogason spürt, dass sich in seinem Haar Eisstücke gebildet haben:

Wenn das eiskalte Meerwasser hochschwappte, Kleider, Haut und Haare völlig durchnässte, fand ich das angenehmer, als dem frostigen Wind ausgesetzt zu sein. Schultern und Arme waren eiskalt, ich fühlte meine Beine nicht mehr. Die meisten sahen die Wellen herannahen. Wir hielten uns fest, um nicht über Bord zu fallen. Meine Schiffskameraden hatte es übel getroffen: Sie waren verletzt, hatten Verbrennungen, gingen im Meer unter und ertranken. Zum Glück verspürte ich trotz alledem keine Angst. Ich wusste aus Erfahrung, wie schlimm es war, wenn Leute in Seenot gerieten und ver-

zweifelten. Das konnte sogar zu geistiger Verwirrung führen. Dann blieb nicht mehr viel Zeit. Selbstaufgabe und Angst bedeuten das Ende. Vor der englischen Küste trieben nicht selten Rettungsboote von Schiffen, die versenkt worden waren. Einmal haben wir Seeleute eines norwegischen Schiffes geborgen. Acht Männer waren in dem Boot, fünf lebten, drei waren tot. Der norwegische Steuermann sagte, dass die Verstorbenen den Verstand verloren hätten, als die Katastrophe über sie hereinbrach – sie hätten solche Angst bekommen, dass sie sich einfach hingelegt und aufgegeben hätten. Wenn in der Not der Wille fehlt, stehen die Chancen schlecht. Wir saßen nun auf unserem Floß wie in einer Badewanne, mit den Füßen im eiskalten Wasser. Es hatte die Form einer Kiste und außen herum waren Kork und Tonnen angebracht. Jetzt hieß es nur noch abwarten.

+++

14:45 Uhr +++ Reykjavík +++
Redaktionsbüro Alþýðublaðið

Ingólfur Kristjánsson arbeitet erst seit einigen Monaten als Reporter für die Zeitung *Alþýðublaðið*. Er teilt einen Schreibtisch mit dem erfahrenen Journalisten Vilhjálmur S. Vilhjálmsson, dessen Telefon klingelt. Kristjánsson beobachtet, dass Vilhjálmssons Miene während des Gesprächs immer ernster wird und seine Augen einen seltsamen Glanz bekommen.

»Wann ist es passiert?«, sagt Vilhjálmsson schließlich in den Hörer. »… Gegen Mittag … und wo? … Was, so nah? … Noch nichts bekannt über Überlebende?«

Vilhjálmsson legt auf und eilt mit versteinertem Gesichtsausdruck und zusammengepressten Lippen zum Büro des Chefredakteurs.

Es dauert nicht lange, bis er zurückkommt und allen im Büro die unfassbare Nachricht verkündet:

»Die *Goðafoss* ist in der Faxaflói-Bucht versenkt worden«, sagt er.

+++

Währenddessen +++ Faxaflói-Bucht

Vierzehn Überlebende hocken auf den zusammengebundenen Flößen in den Wellen, Matrose Jónsson lenkt sich ab, indem er an seine Kindheit denkt:

Ich hatte viele versenkte Schiffe gesehen. Immer wenn ich Zeuge einer solchen Katastrophe wurde, versuchte ich mich in die Lage der Schiffbrüchigen zu versetzen. Wir, die Matrosen der Goðafoss, befanden uns dann meistens draußen an Deck oder schoben Wache auf der Brücke. Insofern waren wir in vielerlei Hinsicht besser darauf vorbereitet, in Seenot zu geraten, als viele andere. »Wie würde man reagieren?«, war die Frage, die wir uns oft stellten.

Ich kam vom Land, aus dem Süden der Insel. Dort spielten wir als Kinder gerne »Kalte Kerle« und sprangen in den Fluss. Ich wusste, wie sich ein Kälteschock anfühlt, ich wusste genau, was mich erwartete, als ich ins Meer sprang. Die Passagiere, die eine solche Erfahrung nicht kannten, taten mir leid. Wir wussten, dass es im Falle eines Angriffs von zentraler Bedeutung war, die Rettungsboote hinabzulassen. Wäre das erste Rettungsboot nicht gekentert, wäre unsere Lage vermutlich eine andere gewesen. Dann hätten wir den Motor in Gang setzen und die Leute retten können, die im Wasser schwammen. Aber dies blieb uns verwehrt. Es hätte einiges geändert, wir hätten wichtige Sekunden gewonnen.

Auch der Kombüsengehilfe Finnbogason empfindet Mitleid mit den Passagieren:

Ich dachte lange darüber nach, wie viele Leute überlebt hatten und wer ums Leben gekommen war. Mir kamen besonders die Passagiere in den Sinn. Viele aus dieser Gruppe hatte ich während der Fahrt kennengelernt. Immer weniger Kameraden hielten sich noch an den Wrackteilen fest. Sie waren einfach im Meer verschwunden. Die Leute auf dem Kiel des Rettungsbootes waren ebenfalls hilflos, ermattet, hingen oder saßen dort ungeschützt. Wir hingegen, die wir uns auf dem Floß befanden, konnten uns setzen und abstützen. Ich erkannte Sigríður Þormar auf dem Kiel des Bootes. Sie hatte sich in der Kombüse verletzt. Eine beträchtliche Anzahl an Flößen und Booten hatte sich rings um uns versammelt. Wir hielten es für möglich, dass einige Rettungsschiffe vom Land losgeschickt worden waren. Ich sah den Leuchtturm von Garðskagi und die Küstenlinie. Die körperliche Verfassung der Leute auf dem Floß war ganz unterschiedlich. Eyjólfur Eðvaldsson, der Funker, hatte eine große Wunde am Kopf, seine Kräfte schwanden. Die Erschütterung an Bord der Goðafoss hatte die Funkstation vollkommen zerstört.

+++

Währenddessen +++ Halbinsel Seltjarnarnes

Die Brüder Kristinn und Gísli Hafliðason, Söhne des Maschinisten, fahren auf die Halbinsel Seltjarnarnes, unweit von Reykjavík, um von einem Hügel Ausschau nach der *Goðafoss* zu halten. Das Militär hat zahlreiche Straßensperren errichtet, doch es ist möglich, mit dem Auto nach Grótta zu gelangen. Gísli sieht auf die Bucht hinaus:

Wie viele junge Männer sind Gísli Haflidason und sein Bruder
Kristinn Autofans. Als die *Godafoss* erwartet wird, fahren sie auf
eine Landzunge, um nach dem Schiff Ausschau zu halten.

Péturs Mutter, Halldóra Helgadóttir,
macht sich große Sorgen: »Es ist ja nur
diese eine Reise«, beruhigt sie sich.

Wir fuhren einen Ford, Baujahr 1936, ein ausrangiertes Taxi, das wir günstig bekommen hatten. Als wir den Westen der Halbinsel erreicht hatten, konnten wir die Faxaflói-Bucht überblicken. Allerdings war dort nicht viel zu sehen – kein Schiff, das der Goðafoss glich, die am Morgen angeblich an Reykjanes vorbeigefahren sei. Kristinn und ich sahen und hörten nichts. Man konnte also nicht behaupten, dass sich die Goðafoss Island näherte. Wenn dem so gewesen wäre, hätten wir den Dampfer von der Stelle aus sehen müssen, an der wir standen. »Das ist ein Irrtum, der Schiffskonvoi, der heute Morgen an Reykjanes vorbeigefahren ist, muss wohl in den Hvalfjörður gefahren sein«, sagten wir und ich entschied mich, meinen Bruder Kristinn nach Hause zu fahren.

+++

Gunnar Ólafsson, Mitarbeiter der Reederei Eimskip, ist auf dem Weg zu seiner Mutter, um mit ihr eine Tasse Kaffee zu trinken:

Ich bemerkte eine Bedrücktheit der Passanten. Üblicherweise genoss ich die frische Luft bei meinen Spaziergängen, jetzt wandten sich die Leute auf der Straße an mich, die mich als Mitarbeiter von Eimskip kannten. Sie fragten: »Stimmt es? Ist die Goðafoss untergegangen?« Ich stutzte.

147

Die Goðafoss? Untergegangen?

Ich war an diesem Tag bis zu meiner Pause sehr mit meiner Arbeit beschäftigt gewesen und hatte von einem Unglück nichts gehört. Allein bei diesem Gedanken ergriff mich die Furcht.

+++

Minute um Minute verstreicht, ohne dass Hilfe naht. Manchmal taucht das Begleitboot im Schneetreiben auf, um Morsezeichen zu geben. Steuermann Thomas L. Reid lebt noch:

Wir hatten eine Ewigkeit gewartet. Das Geleitschiff sendete Morsezeichen: »Ruhe bewahren. Wir kommen wieder.«

Ich winkte zurück. Dann kam das Schiff irgendwann wieder, vielleicht eine Stunde später.

»Ruhe bewahren. Wir kommen wieder.«

Und es geschah noch einmal, wieder und immer wieder.

Ruhe bewahren also. Neben mir im Boot lagen Tote.

Was tun die nur? Wann helfen sie uns? Kommen sie erst, wenn wir tot sind? Warum lebte ich noch und andere nicht mehr? Ich wusste es nicht. Oder hing es vielleicht damit zusammen, dass ich zu Hause in Großbritannien heiraten wollte? Vielleicht sollte ich deshalb weiterleben. Es wird gesagt, dass man es in der kalten See nicht länger als drei Minuten aushält. Sicher, ich schwamm nicht im Wasser. Jedoch saß ich halbnackt auf dem Rettungsboot. Sterben kam für mich nicht in Frage. Ich glaube, dass sich tief in meinem Inneren eine Art Schutzreaktion in Gang gesetzt hatte. Ich dachte nicht weiter darüber nach. Ich wollte einfach nicht sterben.

3   LEBEN, DANACH

10. November 1944, 15:25 Uhr +++ Faxaflói-Bucht +++
Auf einem Rettungsfloß der Goðafoss

Die *Northern Reward* rast direkt auf das Floß zu. Fast scheint es, als wolle die Korvette auf Rammkurs gehen. Im letzten Moment nimmt das englische Kriegsschiff Fahrt heraus. Arnar Jónsson reagiert sofort:

> *Die Korvette raste mit voller Fahrt auf uns zu. Mir gefiel das ganz und gar nicht. Kurzerhand sprang ich ins Wasser und schwamm zum zweiten Mal an diesem Tag davon – das erste Mal hatte ich mich vor dem Sog der untergehenden* Goðafoss *in Sicherheit gebracht und jetzt wollte ich dem heranrasenden Rettungsschiff entkommen. »Verdammt, wenn ich bis jetzt durchgehalten habe, werde ich mich nicht von diesen Kerlen umbringen lassen«, dachte ich. Ich fühlte mich im Meer sicherer.*

151

Ingólfur Ingvarsson bekommt eine Fangleine zu fassen und zieht das Floß ans Schiff heran. Trotz der Strapazen und der Kälte hat er noch Kraft in den Händen. Die Briten lassen auf der windgeschützten Seite der *Northern Reward* ein Seilnetz und Gurte hinab. Endlich beginnt die Rettungsaktion, knapp zweieinhalb Stunden nach dem Untergang der *Goðafoss*. Für die meisten Schiffbrüchigen, vor allem für jene, die im Wasser trieben und sich an Wrackteilen festklammerten, kommt diese Hilfe zu spät.

+++

Währenddessen +++ Reykjavík

Gísli Haflidason, der Sohn des Maschinisten, hat seinen Bruder nach Hause gebracht und fährt mit seinem Ford nun zu einem Freund, der als Automechaniker arbeitet. Zwei Männer bringen einen Wagen vorbei, den er reparieren soll. Haflidason bietet an, sie zurück ans andere Ende der Stadt zu bringen, damit sie nicht durch das eisige Schneetreiben laufen müssen; die Männer willigen erfreut ein. Im Radio, einem amerikanischen Modell, das sich Haflidason vor Kurzem einbauen ließ, läuft der Song »Stardust« von Nat King Cole. Nach einer Weile sagt einer der Männer auf der Rückbank: »Das Unglück der *Goðafoss*, ganz furchtbar. Wahrscheinlich sind alle tot.«

Haflidason tritt vor Schreck auf die Bremse. Er hat ein Gefühl, als bleibe sein Herz stehen.

+++

Ist das deutsche U-Boot zerstört worden? Ist die Gefahr vorbei? Ingólfur Ingvarsson hört eine Unterhaltung zweier Matrosen. Angeblich ist ein schwarzer Streifen in einer Fontäne gesehen worden, die nach den Wasserbomben aufstieg. Angeblich ein Treffer, angeblich ausgelaufenes Öl. Ingvarsson ist von dieser Theorie nicht überzeugt, behält seine Zweifel aber für sich. Eine andere Nachricht erschüttert ihn: Sigríður Þormar, die hübsche junge Frau, ist tot. Bei der Rettungsaktion prallte die *Northern Reward* gegen das Boot, an dessen Kiel sie sich lange festhielt. Sigríður Þormar glitt hinab ins Meer und wurde nicht mehr gesehen. Ein Matrose der *Northern Reward*, der sie retten wollte und ins Wasser sprang, konnte nichts ausrichten. Ingvarsson empfindet tiefe Trauer.

Weitere Schiffbrüchige hatte man vom Kiel des Bootes geborgen, es handelte sich um Seeleute der Shirvan, *einer oder zwei von ihnen waren noch am Leben. Ich sah sie aber nirgendwo. Vermutlich versorgte man sie in der Krankenstation.*

Auch Matrose Sigurður Guðmundsson erfährt vom Tod der jungen Passagierin. Er horcht auf, als der Kapitän der Korvette berichtet, nie zuvor etwas so Bedauernswertes erlebt zu haben.

Ich fand diese Bemerkung des Kapitäns sonderbar. Als die Briten zwischen den Trümmern hin und her fuhren, rief seine Besatzung: »Wir kommen wieder, wir kommen wieder!« Nichts wäre einfacher gewesen, als die Boote hinabzulassen und Sigríður Þormar und die anderen zu retten. Aber diese erfahrenen Seemänner taten nichts dergleichen. Ein Menschenleben schien verhältnismäßig wenig wert

153

zu sein. Einer hier, ein anderer dort oder gar eine ganze Gruppe von Menschen – das machte für die Besatzung der Korvette keinen Unterschied. Das Hauptanliegen der Briten lag darin, Bomben abzuwerfen und das U-Boot zu zerstören.

+++

Am Nachmittag +++ Reykjavík

Die Nachricht vom Untergang der *Goðafoss* fegt wie ein eisiger Wind durch die Straßen der Hauptstadt. Am Hafen und vor dem Gebäude der Reederei Eimskip versammeln sich Angehörige. Was ist geschehen? Wer hat überlebt? Gibt es Hoffnung? Gerüchte machen die Runde, eine unheimliche Furcht legt sich über die Stadt. Die Männer der Familie Ólason, Verwandte des Ärzteehepaars Sigrún Briem und Friðgeir Ólason, sind unter den Wartenden, die sich am Hafen versammeln. Daheim, im Haus an der Tjarnargata 20, sind fünf Betten für die junge Familie aufgestellt worden. Es sollte eigentlich ein Fest gefeiert werden nach der langen Trennung. Sigrún Briems Eltern haben reichlich Saft hergestellt und frische Marmelade eingekocht.

Journalist Kristjánsson beobachtet, wie Fußgänger stehen bleiben und sich die Hände geben. Manche verweilen so eine Zeit lang, während sie miteinander sprechen, stehen im Schneeregen und harren aus. Reykjavík ist im Schockzustand. Kristjánsson hat von einem Vertreter der Reederei Eimskip eine Liste mit Namen der *Goðafoss*-Besatzung erhalten. Was die Passagiere betrifft, gibt es keine verlässlichen Angaben: Aus Sicherheitsgründen war es untersagt, solche Informationen aus Übersee zu telegrafieren. Einige Passagiere hatten zwar vorab die Verwandten informiert, doch für

154

In den Büros der Schifffahrtsgesellschaft Eimskip herrscht Entsetzen,
als die Nachricht vom Untergang der *Goðafoss* eintrifft.

die Reederei war es unmöglich festzustellen, welche Passagiere tatsächlich an Bord gegangen waren. Möglicherweise hatte sich mancher kurzfristig anders entschieden? Eine Hoffnung, an die sich nun viele Angehörige klammern.

+++

Währenddessen +++ Faxaflói-Bucht +++
An Bord der Northern Reward

Die *Northern Reward* rollt stark auf dem Nordatlantik. Auf dem Ozean ist das herbstliche Wetter, anders als in der geschützten Bucht von Reykjavík, mit voller Stärke zu spüren. Immer wieder wirft die Besatzung Wasserbomben, doch koordiniert scheinen die Aktionen nicht zu sein. Funker Eyjólfur Eðvaldsson, der eine schwere Kopfverletzung erlitten hat, benötigt die Hilfe eines Arztes, doch er kann an Bord nur notdürftig versorgt werden. Ein Verband, mehr ist nicht möglich. Eðvaldsson liegt auf dem Boden der Kammer, als er einen Kälteschock erleidet. Er stirbt.

Arnar Jónsson ist betrübt wegen des Todes seines Kameraden:

Als wir an Bord der Korvette kamen, hatte er noch Lebenszeichen von sich gegeben. Sein Tod ging mir sehr nahe. Stunde um Stunde verging. Offensichtlich fuhr der Kommandant der Korvette ständig

im Kreis und ließ eine Wasserbombe nach der anderen abwerfen. Sie detonierten mit solcher Wucht, dass Wassersäulen aus dem Meer aufstiegen. Wir empfanden Enttäuschung. Tiefe Enttäuschung. Warum brachte man uns nicht nach Reykjavík? Hatten wir nicht schon genug gelitten?

+++

Dass endlich ein Schiff herankommt, dass doch noch Rettung naht, dass es überstanden scheint, bekommt der englische Steuermann Reid kaum mit. Entkräftet und beinahe erfroren kauert er im Rettungsboot. Neben ihm liegen Tote. Der Kapitän der *Shirvan* hat es nicht geschafft, auch nicht der Schütze, der Reid seinen Wollanorak verkaufen wollte. Dass der nur spärlich bekleidete Reid, der nur eine Uniformjacke und eine Unterhose trägt, überlebt, erscheint fast wie ein Wunder. Er erinnert sich:

Plötzlich ergriff jemand den Kragen meiner Uniformjacke. Ich wurde an Bord eines Schiffes gezerrt und sah noch, wie der Schütze zusammengekrümmt im Boot lag. Ich sah diesen Mann nie wieder. Vielleicht war dies die Rache, weil er versucht hatte, mir in dieser unglückseligen Stunde den Anorak zu verkaufen. An diesem Mann hatte ich mir die Hände aufgewärmt, sie abwechselnd unter seine Jacken gesteckt. Hatte ich meinen Teil dazu beigetragen, dass er vor Kälte ums Leben gekommen war? Ich wusste es nicht. Es musste sehr viel Zeit vergangen sein, ich hatte jedoch kein Gefühl dafür, wie spät es jetzt war. Der Abend war hereingebrochen. Sollten wir einen halben Tag auf dem Rettungsboot verbracht haben? Ich hatte keine Ahnung.

Die Besatzung des Schleppers bestand aus Norwegern – der Schlepper war ebenfalls norwegisch. Der Kapitän, ein großgewachsener Mann, wirkte niedergeschlagen. Er berichtete, dass er den ganzen Tag um Erlaubnis gebeten habe, uns an Bord nehmen zu dürfen. Aber die britische Marine gestattete es ihm nicht. Nicht bevor das U-Boot zerstört worden sei. »Sie müssen das U-Boot suchen und nicht die Lebenden retten«, das war sein Auftrag. Offenbar hatte sich der Kapitän diesem Befehl widersetzt.

157

+++

Die Dämmerung kommt rasch über Reykjavík. Journalist Kristjánsson, der in die Redaktion zurückgekehrt ist, um seine Informationen weiterzugeben, eilt wieder hinunter zum Hafen, mit einem unguten Gefühl:

Es hatte zu regnen begonnen, der Schneematsch auf der Straße war wieder zu Wasser geworden. Es stürmte nun aus östlicher Richtung und der Regen schlug einem ins Gesicht. Ich stand in der Kälte und war nach einer Weile triefend nass. Gewiss war ich nicht der Einzige, der an diesem Abend durchnässt war. Die Menschen versammelten sich im Schutze der Häuser, Warenstapel und Automobile – warteten und warteten. Einige von ihnen hatten schon lange dort gestanden. Ihnen drang die Nässe durchs Schuhwerk. Gummischuhe gab es im ganzen Land nicht, der Rohstoff war rationiert, denn in Kriegszeiten brauchte man ihn für »wichtigere« Zwecke. Die Leute fröstelten, sie froren, sie schlugen die Mantelkrägen hoch. Die Kälte kroch durch ihre Kleider.

Dem Vernehmen nach war die Goðafoss in die Bucht eingefahren und hatte sich vor Garðskagi befunden, als sich der Angriff nur wenige Seemeilen vom Hafen entfernt ereignete. Insofern wunderten sich die Wartenden, wie lange die Rettungsschiffe unterwegs waren. Zahlreiche Autos mit Insassen standen dort dicht gedrängt. Die Leute warteten auf ihre Familienmitglieder, warteten in lähmender Ungewissheit darauf, ob sie mit oder ohne ihre Liebsten nach Hause fahren konnten.

158

+++

Ingólfur Ingvarsson, Matrose der *Goðafoss*, hat trockene Kleidung erhalten und wärmt sich an einer Tasse Tee mit Rum. Er denkt an seine Familie:

Die Leute auf unserem Floß waren vermutlich die Letzten, die geborgen wurden. Außerdem hatte man Stefán Olsen, Hermann Bæringsson und Gunnar Jóhannsson an Bord der Honningsvaag *aufgenommen. Jóhannsson hatte ganz alleine auf einem Floß ums Überleben gekämpft. Die Besatzung der* Northern Reward *hatte für uns trockene Kleidung zusammengesucht. Wir zogen uns um, nur nicht Kapitän Gíslason, der weiterhin seine triefend nasse Uniform trug. Warum? Vielleicht stand er noch immer unter Schock. Wo wir saßen, hatten sich einst die Laderäume für die Fische befunden, jetzt hielten sie als Unterkünfte für die Besatzung her. Der heiße Tee mit Rum wärmte uns. Nachdem wir gerettet worden waren, fuhr das Schiff den ganzen Nachmittag und den ganzen Abend hin und her, um in diesem verrückten Wetter das U-Boot zu suchen. Es nahm kein Ende.*

Für Baldur Jónsson ist der heiße Tee mit Rum eine Wohltat, aber er ist auch wütend:

Ich spürte Trauer und Zorn in mir aufsteigen. Es betrübte mich, dass die Besatzung des Geleitschiffes nur einige Schiffbrüchige vom Kiel des Bootes gerettet hatte. Ich war sehr unzufrieden, weil es uns nicht gelungen war, noch weitere Leute auf die Flöße in Sicherheit zu bringen. Hätten wir noch mehr Menschen aus dem Wasser auf unser Floß ziehen können, wäre es zwar nass und eng geworden,

159

aber sie hätten überlebt. Es ärgerte mich sehr, dass nur wenige mit dem Leben davonkamen. Während wir gerettet und an Bord gebracht wurden, legte die Korvette eine kurze Pause ein – dann aber setzte sie ihre Wasserbombenangriffe fort und preschte mit voller Fahrt vor und zurück. Wir saßen unten im Schiff und hatten keine Ahnung, was geschah. Wie besessen warfen die Briten diese Bomben ab – wie bereits zuvor an diesem Tag. Dies schien mir völlig übertrieben. Wir saßen unter dem Deck und spürten die dröhnenden Schläge der detonierenden Wasserbomben. Es hörte sich an, als ob hundert Vorschlaghämmer gegen die Schiffswand schlugen. Die Briten schaufelten buchstäblich die Bomben ins Meer.

+++

22:00 Uhr +++ Reykjavík +++
An der Pier

In der Dunkelheit richten sich alle Augen auf die zwei Leuchttürme, die die Einfahrt zum Hafen markieren. Hunderte Menschen harren seit Stunden in Sturm und Regen aus, Mäntel und Jacken triefen vor Nässe. Gegen zweiundzwanzig Uhr erkennt man aus östlicher Richtung, aus der Richtung der kleinen Insel Örfirisey, die Scheinwerfer eines Schiffes im Schwarz der Nacht. Mit einem Tau sperren Polizisten die Pier ab. Journalist Kristjánsson beobachtet, dass Krankenwagen vorfahren, Tragen und Decken liegen bereit. Ein grauer Schiffsrumpf ist zu erkennen, ein kleiner Schlepper: es ist die *Honningsvaag.*

Ein Polizist ruft Neuigkeiten in die Menge, die keinen der Wartenden zufriedenstellen: Nur zwei oder drei Besatzungsmitglieder der *Goðafoss* sollen an Land gehen. Wer es ist? Nicht bekannt. Sie sollen sogleich ins Militärkrankenhaus der Briten transportiert werden, wo sie die Nacht verbringen. Erst am Morgen sei der Kontakt zu ihren Angehörigen gestattet. Zu den Geretteten, die an Land gehen, gehört der Matrose Gunnar Jóhannsson. Als er den Polizisten Guðbjörn Hansson sieht, übermittelt er ihm weinend eine schreckliche Nachricht: »Es tut mir leid, Ihr Sohn ist tot. Er hat es nicht auf das Floß geschafft, auf dem ich saß. Es tut mir so leid.« Doch Hansson will ihm nicht glauben. Als er von Crewmitgliedern der *Honningsvaag* erfährt, dass mit dem nächsten Rettungsschiff weitere Überlebende erwartet werden, beschließt er zu bleiben.

+++

Zeitgleich +++ Faxaflói-Bucht +++
An Bord der Northern Reward

Áslaug Sigurðardóttir gehört zu den Überlebenden, die auf der *Northern Reward* in die Hauptstadt unterwegs sind. In der aufgewühlten See wird das kleine Schiff hin- und hergeworfen. Wenn der Bug eine Welle durchbricht, gibt es ein Beben, ein Zittern, ein Getöse, das die Überlebenden an den Einschlag eines Torpedos erinnert. Áslaug Sigurðardóttir zuckt manchmal zusammen, doch dies alles ist nicht der Grund, warum sie sich elend fühlt.

Ich musste seelische Schmerzen verkraften. Ganz langsam wurde mir bewusst, was geschehen war. Man brachte mich einige Stufen hinauf in die Kajüte des Kapitäns. Ich zitterte am ganzen Leib, ich war durch und durch nass, bekam einen Rum und etwas Heißes zu trinken. Mehrmals fragte ich, ob nicht einer meiner Schiffskameraden zu mir kommen könnte. Es dauerte eine Weile, dann kam

Frímann Guðjónsson, der Steward. Der britische Kapitän ließ sich einige Male sehen. Er erklärte uns, dass ihm die misslungene Bergung von Sigríður Þormar schwer zu schaffen mache, so elend habe er sich noch nie gefühlt. Sigríður Þormar habe eine Rettungsweste getragen, man habe bereits ihre Hand ergriffen, dann die Kontrolle verloren. Daraufhin sei sie entglitten und in der See verschwunden. Einer der Männer sei hinterhergesprungen, konnte jedoch nichts mehr ausrichten. Als wir darüber sprachen, warum uns nicht schon eher jemand zu Hilfe geeilt war, entgegnete der Kapitän, dass er dem norwegischen Schlepper Morsezeichen gegeben habe, die Schiffbrüchigen aufzunehmen. Die Briten hingegen wollten das U-Boot finden, sie hatten bereits fünfundzwanzig Wasserbomben in die See geworfen. Laut dem Kapitän sei dies der Grund gewesen, warum die Northern Reward *nicht schon eher zur Rettung gekommen war.*

+++

22:20 Uhr +++ Reykjavík

Reporter Kristjánsson stapft durch den Regen. Er kennt den Weg, es ist nicht weit vom Hafen zum Haus in der Bárugata, Nummer 5. Obwohl es spät ist, klopft er, denn er weiß, dass niemand schläft. Hier wohnt Þóra Árnadóttir, die Ehefrau von Eymundur Magnússon, dem Ersten Steuermann der *Goðafoss*. Kristjánsson kennt das Paar, Eltern von vier Kindern: Magnús, zwölf Jahre alt, Kristrúna, sieben, Árni Þór, sechs, und Katrína, zwei. Nur die Jüngste schläft.

»Ist Vater am Leben?«, fragt der Älteste, er sagt es leise, als traue er sich kaum, diese Frage zu stellen. Kristjánsson zögert kurz.

»Ein Rettungsschiff ist unterwegs. Nach Mitternacht wird es eintreffen.«

In den Gesichtern kann er erkennen, dass sein Satz die Sorgen der Kinder noch vertieft. Ihre Gesichter sind blass, die großen, klaren Augen starr. Ihre Mutter trägt die Ungewissheit scheinbar mit Fassung. »Kommt Kinder, auf ins Bett«, sagt sie. Als sie zurück ins Wohnzimmer kommt, ruft sie eine Bekannte aus der Nachbarschaft an: Ólöf Guðrún Einarsdóttir, die Mutter des Matrosen Ingólfur Ingvarsson – jene Frau also, die bereits ihren Ehemann und ihren ältesten Sohn an die See verloren hatte. Kristjánsson hört das Gespräch und vernimmt nicht ein einziges klagendes Wort. Die Frauen versuchen sich gegenseitig zu beruhigen, sprechen sich Mut zu.

»Wir müssen warten und dürfen uns nicht unterkriegen lassen – bei allem, was geschehen mag«, sagt Þóra Árnadóttir, bevor sie auflegt. Sie greift nach einem Wollknäuel mit Stricknadeln, das neben ihr liegt.

»Was strickst du?«, fragt Kristjánsson.

»Stricke ich gerade?«, erwidert sie und schaut gedankenverloren auf ihre Hände.

Vor ihren Füßen schlängelt sich ein Ungetüm aus Wolle, das die Länge von mindestens drei Schals hat.

+++

23:45 Uhr +++ Reykjavík +++
An der Pier

Die Schiffbrüchigen der *Shirvan* gehen über eine Gangway von Bord der *Honningsvaag*. Hinter einer Absperrung sieht Steuermann Reid eine Menge und wundert sich? Worauf warten diese Menschen? Was geht hier vor?

Irgendwann in der Nacht betraten wir endlich Land. Ärzte der britischen Luftwaffe untersuchten uns. Meiner Einschätzung nach warteten zwanzig amerikanische Krankenwagen mit jeweils einem Feldwebel an Land. Jeder von der Shirvan *kam in einen separaten Krankenwagen. Als wir an Land gingen, näherte sich mir ein großgewachsener Mann, ein amerikanischer Hauptfeldwebel, er fragte mich, ob ich der unverwundete Brite sei. Ich bejahte und er kommandierte mich zu einem Krankenwagen. Wir wurden zu den Unterkünften der Amerikaner gebracht. Innerhalb einer Stunde hatten wir geduscht und wurden von einem Arzt untersucht. Dann brachte man uns in eine Baracke, in der ein Feuer im Heizofen brannte. Sie zeigten uns die Betten und legten Feuerholz nach. Wir bekamen einen Kamm, eine Zahnbürste, eine lange Unterhose, einen Schlafanzug und noch eine Hose – mehr, als wir erwartet hatten. Es war großartig.*

+++

Mitternacht +++ Faxaflói-Bucht +++
An Bord der Northern Reward

Aufgrund der schlechten Sicht entschließt sich der Kapitän der *Northern Reward*, erst im Morgengrauen in den Hafen von Reykjavík einzulaufen. Für die Überlebenden und ihre Angehörigen geht das Martyrium weiter, Unruhe macht sich an Bord breit. Wie lange soll es noch so weitergehen? Die ständigen Kurswechsel zehren an den Nerven aller. Ein halber Tag ist seit der Rettung vergangen. Gegen Mitternacht informiert man Kapitän Gíslason von der *Goðafoss* über die Pläne, wegen des Sturms abwarten zu wollen. Nur eine Dreiviertelstunde später wird der isländische Kapitän erneut auf die Brücke gebeten. Mit seiner Hilfe will man das Schiff nun doch nach Reykjavík navigieren.

+++

Auf dem Weg zurück zum Hafen sieht der Reporter Kristjánsson auf seine Uhr, es ist fast zwei. Der Wind hat sich gelegt; Kristjánsson geht vorsichtig, denn der Regen gefriert auf den Wegen. An der Pier angekommen, sieht er, dass die Menge kleiner geworden ist, man sieht nur noch wenige Frauen und Kinder. Kristjánsson erkennt einige Gesichter wieder. Es scheint ihm, als ob sie in den wenigen Stunden um Jahre gealtert wären.

Eine Stunde später kommt Unruhe auf. Die Scheinwerfer der *Northern Reward* streifen in einiger Entfernung über das Wasser. Das Schiff kommt näher und steuert auf die von Soldaten abgesperrte Pier zu. Es läuft mit langsamer Fahrt in den Hafen ein und macht fest. Die Unruhe der Menge steigert sich, Rufe sind zu hören, die Spannung ist kaum zu ertragen. Sanitäter helfen den Schiffbrüchigen über die Laufplanke an Land. Doch die Überlebenden werden abgeschirmt, keine Information soll vorerst an die Öffentlichkeit gelangen. Man lässt die Angehörigen warten. Allmählich schlägt die Unruhe in Empörung um: »Sollen wir hier ewig ausharren?«, schreit jemand. Jóhann Guðbjörnsson, Frímann Guðjónsson, Áslaug Sigurðardóttir und Agnar Kristjánsson widersetzen sich den Anweisungen, sie gehen auf die Wartenden zu. Fragen über Fragen prasseln auf sie ein. Wer ist gerettet worden? Wer hat überlebt? Manche erhalten nun schreckliche, aber klare

165

Antworten: Ihre Angehörigen sind tot. Es kommt zu Tumulten, zu einem Durcheinander; einige Überlebende, vor allem jene, denen es gesundheitlich schlecht geht, werden mit Militärfahrzeugen weggefahren.

Als Jóhann Guðbjörnsson auf die Menge zugeht, schreit ein Mann vor Freude auf: Guðbjörn Hansson, der nicht daran geglaubt hatte, dass sein Sohn tot war, fällt ihm in die Arme. Momente des Glücks inmitten der Trauer. Einen Soldaten, der Jóhann mitnehmen will, fährt der Vater an: »Was erlaubst du dir! Mein Sohn kommt mit nach Hause. Jetzt!« Auch Áslaug Sigurðardóttir, die einzige Frau, die den Untergang überlebt hat, verschwindet im Getümmel. Sie nimmt ein Taxi und fährt heim.

Immer deutlicher wird, wie groß die Katastrophe ist, wie viele Menschen ihr Leben ließen. In der Kälte wartet auch Karl Guðmundsson, Kapitän eines Schleppers, auf Neuigkeiten. Er ist ein Nachbar des Matrosen Ingólfur Ingvarsson, wohnt mit drei Ziehkindern im Erdgeschoss des Mehrfamilienhauses. Eines der Kinder war ein Klassenkamerad von Matrose Ingvarsson gewesen, sie hatten zusammen die Schule besucht. Der Ziehvater half der Mutter von Ingólfur, nachdem sie ihren Ehemann und ihren ältesten Sohn verloren hatte. Die beiden Familien hatten in diesen Kriegsjahren zusammengehalten. Als er einen blonden Haarschopf erkennt, dann sein Gesicht sieht, atmet er auf: Ingólfur lebt! Er eilt davon, um die Familie zu informieren.

Auch Reporter Kristjánsson vergisst für einige Minuten seine Pflicht, um einer Familie die frohe Botschaft zu übermitteln, und läuft in die Bárugata 5, wo eine junge Frau wie besessen strickt, um ihre Gefühle zu kontrollieren. Die Haustür geht einen Spalt weit auf, als der Journalist schon ruft: »Ich habe Eymundur gesehen! Es geht ihm gut!«

»Ich wusste es! Er musste noch am Leben sein«, sagte Þóra
Árnadóttir. Tränen der Erleichterung laufen über ihre Wangen.

In anderen Häusern von Reykjavík beginnt eine furchtbare Nacht.
Vor allem für die Familie Briem, die vergeblich auf die jungen Eltern und ihre drei kleinen Kinder wartet.

Das Taxi mit Áslaug Sigurðardóttir hält vor ihrem Elternhaus in
der Ásvallagata 28:

*Ich konnte mich glücklich schätzen, dass ich nicht mit nach Lau-
garnes fahren musste. Ich trug einen dicken Pullover, den mir der
Kapitän der* Northern Reward *überlassen hatte, und irgendeine
Hose. Mein Kleid und mein Mantel, die ich als Bündel trug, waren
durchnässt. Ich glaube, dass mir diese Kleidung das Leben auf dem
Floß gerettet hat. Im ganzen Haus brannte Licht, obwohl es spät in
der Nacht war. Und dann der Moment, den ich herbeigesehnt und
den ich nicht mehr für möglich gehalten hatte, für den ich alles gegeben hätte: Ich sah meine Mutter, meine Schwester und meinen
Bruder wieder! Der Empfang war überwältigend. Wir fielen uns in
die Arme, drückten uns, als müssten wir feststellen, dass wir nicht
nur träumen, sondern alles wirklich passiert. Nachdem wir ein
wenig geplaudert hatten, kam eine tiefe Müdigkeit. Ich legte mich
ins Esszimmer und erwachte am nächsten Tag ziemlich spät. Zwei
kleine Mädchen standen am Kopfende meines Bettes – meine Nichte,
die im Keller wohnte, und ihre Freundin aus dem Nachbarhaus.
Sie machten sich Sorgen um mich, weil ich weder eine Zahncreme
noch eine Zahnbürste besaß. Mein Hab und Gut hatte ich mit dem
Untergang des Schiffes verloren. Dann brachte mir ein Mädchen
eine Bürste, die andere eine Zahncreme.*

+++

Steuermann Reid dämmert auf einer Pritsche in der geheizten Baracke. Er findet, obwohl er müde ist, nicht in den Schlaf, weil ihn seine Erlebnisse aufgewühlt haben. Die Tür öffnet sich, zwei Verletzte werden hereingebracht, der Erste Steuermann und der Bootsmann, gestützt von jeweils zwei Soldaten.

Der gerettete Bootsmann wusste, dass ich heiraten wollte, sobald ich nach Großbritannien zurückkehrte. Ich war verlobt. An Bord der Shirvan *war er häufig zu mir gekommen und hatte mit mir geplaudert. Jetzt ging er auf mein Bett zu, zwei Amerikaner stützten ihn. Er schüttelte sich los, blickte mich an, stolperte gegen mein Bett und sagte: »Also, dann wirst du wohl bald heiraten, nicht wahr?« Dann brach er zusammen. Helfer eilten herbei und kümmerten sich um den Bewusstlosen. Es dauerte mehrere Stunden, bis sie es schafften, ihn wiederzubeleben.*

In der Baracke wartet währenddessen der Matrose Ingólfur Ingvarsson darauf, zu seiner Familie zu können. Er darf ein Bad nehmen. Man bittet ihn, vier Leichen zu identifizieren, vier Männer, die Ingvarsson nicht kennt. Es handelt sich also um Seeleute der *Shirvan*. Ingvarsson wird in einen anderen Raum gebracht, in dem einige Feldbetten stehen. Auf einem sitzt Kapitän Gíslason. Eine Krankenschwester kommt herein und verteilt Schlaftabletten, was Ingvarsson ablehnt.

Ich wusste, dass ich problemlos einschlafen würde. Es war sehr lange her, seit ich geschlafen hatte. Die Frau ging hinaus und plötzlich wurde es dunkel. Kapitän Gíslason, der auf dem Bett neben mir saß, sprach mit leiser Stimme: »*Verdammt, sie hat doch wirklich das Licht ausgeschaltet.*« *Unser Kapitän war keineswegs begeistert. Vielleicht war es nach all den Strapazen und fürchterlichen Ereignissen auch nicht angebracht, uns in der Dunkelheit zurückzulassen.*

+++

In den Morgenstunden +++ Reykjavík

Glück und Leid liegen in dieser Nacht nur wenige hundert Meter auseinander. Im Haus an der Hringbraut 148 herrscht schlafloses Entsetzen. Die Brüder Gísli und Kristinn sind ohne Nachrichten, wie es ihrem Vater, dem Obermaschinisten, und ihrem kleinen Bruder Pétur geht, vom Hafen zurückgekehrt. Sie waren nicht an Bord der *Northern Reward*. Niemand scheint zu wissen, was mit ihnen geschehen ist. Die Hoffnung, dass sie noch leben könnten, schwindet mit jeder Stunde. Am frühen Morgen klopft jemand an die Haustür der Familie. Es ist der Arzt Bergsveinn Ólafsson, ein Verwandter, ein Neffe. Er braucht die Nachricht nicht zu übermitteln, so traurig sieht er aus. Die Frauen beginnen zu weinen. Halldóra Helgadóttir erleidet einen Schock. Tagelang liegt sie im Bett, weint und weint, und der Besuch von Verwandten und eines Priesters ändert nichts an ihrer tiefen Trauer. Sie wird sich nie verzeihen, dass sie ihrem Sohn Pétur diese Reise erlaubte. Sie fühlt sich schuldig an seinem Tod. Ebenso ihre Söhne, die ihrem kleinen Bruder von der See erzählt hatten.

Die Angehörigen des Kombüsengehilfen Guðmundur Finnbogason erfahren mit stundenlanger Verzögerung, dass er in Sicherheit ist.

Finnbogason wird in einem Krankenhaus behandelt; er hat sich, ohne dass er es bemerkte, während des Untergangs die Kniescheibe und mehrere Zehen gebrochen. Erst, als die Wirkung des Adrenalins nachlässt, kommen die Schmerzen. Sein Bruder erhält die erlösende Nachricht, als er das Büro der Reederei Eimskip aufsucht. Arnar Jónssons Mutter, die das Unglück während der Séance hatte kommen sehen und immer wieder daran dachte, schließt ihren Sohn glücklich in die Arme. Auch der Matrose Ingvarsson darf endlich nach Hause. Einen Tag später bringt er die Kleidung, die man ihm an Bord der *Northern Reward* lieh, wieder zurück auf die Korvette und bedankt sich bei der Mannschaft. Andere Mannschaftsmitglieder sind weniger gut auf die Retter zu sprechen. Baldur Jónsson ist einer von jenen, die eine heiße Entrüstung spüren:

Ich war der Hölle entkommen, hatte keine Schramme, aber dennoch kochte Wut in mir hoch. Ich fand es schrecklich traurig, dass nicht noch mehr Menschen den Angriff überlebt hatten. Als besonders tragisch empfand ich das Schicksal von Sigríður Þormar und den anderen Passagieren – man hätte sie retten können. Manch einer war dem Tod nur knapp entkommen, darunter auch der Funker Aðalsteinn Guðnason, mein Nachbar aus Reykjavík von der Ránargata. Er sagte, er habe seine letzten Kräfte aufbringen müssen, um auf das Floß zu kommen. Er war von den Folgen des Angriffs gezeichnet – er wurde arbeitsunfähig. Trotz allem hasste ich die Männer an Bord des U-Bootes nicht. Sie mussten den Befehlen gehorchen, sie konnten nicht anders. Diese Seeleute taten ihre Arbeit unfreiwillig. Tatsächlich waren sie noch stärker der Gefahr ausgesetzt als wir.

+++

Island befindet sich in einem Schockzustand, in Trauer und kollektivem Entsetzen, an Normalität ist nicht zu denken. Alle Fahnen baumeln auf Halbmast, sämtliche Vergnügungs- und Unterhaltungsveranstaltungen werden abgesagt, Kinos sind geschlossen. Auf den Straßen, in Geschäften, Werkstätten und Büros ist die Stimmung gedrückt. Es gibt kein anderes Thema. Das Land ist traumatisiert und soll es noch viele Jahre bleiben. Vor dem Militärkrankenhaus in Laugarnes identifiziert Steuermann Reid die Leichen seiner Kameraden. Unter ihnen erkennt er auch den Jungen, den er vom Rettungsboot gewiesen hatte. Er war in das zweite Boot gestiegen und von der *Goðafoss* geborgen worden. Beim Untergang des Dampfers starb er an Unterkühlung. Reid schrickt zusammen:

Schuldgefühle stiegen in mir auf. Ich hatte ihm nicht gestattet, in unser Boot zu steigen, er hatte dort nichts zu suchen gehabt. Aus der Mannschaft kannte ich alle und wusste daher, wer auf mein Boot gehörte und wer nicht. Sicher, es war idiotisch von mir gewesen, den Jungen nicht mitkommen zu lassen. Aber man tat eben das, wozu man ausgebildet worden war. Ich hatte nicht daran gedacht, dass es vielleicht vernünftiger gewesen wäre, ihn auf das Boot zu lassen. Nach dem Angriff hatte ich noch keine Vorstellung davon gehabt, wie viele Seeleute von der Shirvan *ums Leben gekommen waren. Jetzt sah ich einen Jungen vor mir, von dem ich ganz sicher wusste, dass er tot war. Die Erinnerung an ihn begleitete mich die ganze Zeit – mir war, als wäre ich für seinen Tod verantwortlich.*

171

+++

Morgunblaðið

31. árgangur.   229. tbl. — Sunnudagur 12. nóvember 1944.   Ísafoldarprentsmiðja h.f.

KAFBÁTUR SÖKTI GOÐAFOSS

24 menn fórust

Skipið sökk á fáum mínútum

Þýskur kafbátur sökti Goðafoss hjer í Faxaflóa á föstudag, eins og flestum lesendum blaðsins mun þegar kunnugt.

Skipið laskaðist svo mikið við sprenginguna að það sökk eftir fáar mínútur. Óvíst er hve margir skipverja hafa beðið bana við sjálfa sprenginguna. En þeir sem komust lífs af, björguðust flestir á þann hátt, að þeir vörpuðu sjer fyrir borð og syntu frá skipinu áður en það sökk, en náðu síðan í björgunarfleka sem losnað höfðu eða verið leystir frá skipinu. Annars gerðist þar svo margt í skjótri svipan, að erfitt er að gera grein fyrir því, svo af því fáist heildarmynd.

Tíu farþeganna druknuðu, af þeim voru 4 ung börn og 13 skipverjar. Einn skipverja ljest af sárum á leiðinni til lands.

Þetta er eitt mesta manntjón, sem orðið hefir hjer við land af völdum ófriðarins enn sem komið er.

Tveir farþegar björguðust og 17 skipverjana.

Þeir, sem fórust, voru þessir:

Þeir sem fórust (frh. á bls. 2)

Læknishjónin og börn þeirra

Frú Sigrún Briem   Dr. Friðrik Ólason

 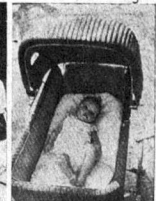

Sigrún, Sverrir, Óli   Sigrún litla 5 mán.

Dr. Friðgeir Ólason og kona hans, frú Sigrún f. Briem, voru bæði læknikandidatar frá Háskólanum hjer. Er þau höfðu lokið hjer námi, var Friðgeir um tíma hjeraðslæknir í Þingeyjarsýslu. Urðu þau hjón brátt mjög vinsæl í hjeraðinu, enda voru þau bæði prýðilega mentlokið hjer námi, var Friðgeir   Framh. á 2. síðu.

Ellen Downey   William Downey   Halldór Sigurðsson   Sigríður Þormar

Steinþór Loftsson   Þórir Ólafsson   Hafliði Jónsson   Pjetur Haflidason   Sigurður Haraldsson   Guðm. Guðlaugsson   Eyjólfur Edvaldsson

Ragnar Kjærnested   Sig. Ingimundarson   Sigurður Sveinsson   Randver Hallsson   Jón Kristjánsson   Sigurður Oddsson   Jakob Einarsson   Lára Ingjaldsdóttir

Die Zeitung *Morgunblaðið* veröffentlicht eine Liste und Fotos der Toten.
Besonders das Schicksal der kleinen Kinder bewegt die Isländer.

Þeir sem björguðust:

Sigurður Gíslason.   Eymundur Magnússon.   Hermann Bæringsson.   Aðalsteinn Guðnason.

Áslaug Sigurðardóttir.   Gunnar Jóhannsson.   Ingólfur Ingvarsson.   Jóhann Guðbjörnsson.   Arnór Jónsson

Árni Jóhannsson.   Agnar Kristjánsson.   Guðm. Árnason   Frímann Guðjónsson.   Sig. Guðmundsson.

Stefán Olsen.   Baldur Jónsson.   Stefán Skúlason.   Guðm. Finnbogason.

Auch die Überlebenden werden gezeigt. Viele Angehörige schwanken
in diesen Tagen zwischen Hoffen und Bangen. Island steht unter Schock.

Das deutsche U-Boot kreuzt weiter vor der Küste. Einen Tag nach dem Angriff auf die *Goðafoss* hat es sich knapp sechzig Seemeilen weit abgesetzt und ist den Wasserbomben der Verfolger entkommen. Niemand wurde verletzt, keine Schäden, und die Stimmung an Bord ist entsprechend gut: Endlich ist es gelungen, zwei Schiffe zu versenken. Aufregung gibt es, als das Boot versehentlich den Meeresgrund streift. Ein Zwillingsgeschütz hinter dem Turm, dies ergibt eine Untersuchung des Bootes im Schutze der Dunkelheit, hat sich aus der Halterung gelöst und ist leicht beschädigt. Das Problem kann aber rasch behoben werden. *U-300* ist voll einsatzbereit und die Jagd geht weiter. In den nächsten Tagen aber kommt kein lohnendes Ziel in Schussweite. Immer wieder hört man, dass in der Ferne Wasserbomben detonieren; offenbar sucht man noch nach ihnen. Die Alliierten verstärken ihre Patrouillenfahrten, noch einmal soll so nahe an ihren Stützpunkten kein Angriff gelingen. Zum Schutz – einmal gibt es Alarm, als ein Wasserflugzeug am Himmel auftaucht – legt Kommandant Hein das Boot in fünfundsiebzig Metern Tiefe auf Grund. Er kann warten.

+++

Matrose Ingólfur Ingvarsson ist in die Reederei Eimskip gebeten worden, um anzugeben, welche Gegenstände beim Untergang der *Goðafoss* verlorengingen. Im Büro trifft er auf Kapitän Sigurður Gíslason, den Matrosen Sigurður Guðmundsson und ein paar Angestellte der Reederei.

Ich ärgerte mich sehr über die Tiefbomben, die man vom englischen Geleitschiff geworfen hatte. Und das sagte ich auch: »Ich bin mir ziemlich sicher, dass wegen dieser Bomben Menschen getötet worden sind«, zischte ich. Die Männer starrten sich gegenseitig an. Sie rieten mir, dass es wohl besser sei, wenn ich mich mit solchen Äußerungen zurückhielte. Sonst könnten sich die Alliierten beleidigt fühlen. Und ich würde mir viel Ärger einhandeln. Jedenfalls verstand ich diese Warnung dahingehend, dass sie mich feuerten, sollten die Alliierten davon erfahren. Das wollte ich nicht. Aber die Erlebnisse auf dem Rettungsfloß belasteten mich sehr stark – und taten dies noch lange. Mein Verstand und mein Gefühl sagten mir, dass noch weitere Passagiere und Besatzungsmitglieder der Goðafoss hätten aus den Wellen geborgen werden können, wären die Briten nicht mit den Tiefbomben dazwischengekommen.

+++

Am 17. November 1944, kaum eine Woche nach dem Untergang, lädt das Seegericht in Reykjavík Kapitän Gíslason vor. Ein Richter, ein Parlamentsabgeordneter und ein Reeder gehören dem Gremium an. Das Verhör beginnt damit, dass der Kapitän der Goðafoss ein Gedächtnisprotokoll abgibt – denn sämtliche Unterlagen, Logbücher etwa oder Karten, sind mit dem Schiff im Atlantik versunken. Das Gericht beschließt, dass die Öffentlichkeit von den Verhören und der Verhandlung ausgeschlossen wird. Nur die Überlebenden dürfen zuhören – nachdem allen die Schweigepflicht auferlegt wurde. Ein folgenschwerer Fehler, denn so entstehen Gerüchte.

175

+++

Áslaug Sigurðardóttir, das tapfere Kindermädchen, entschließt sich zu einem besonderen Schritt. Sie besucht in den kommenden Tagen die Angehörigen all jener, die den Angriff auf die *Goðafoss* nicht überlebt haben:

Bis auf mein Kleid, meinen Mantel und zwei Ringe an der linken Hand hatte ich all mein Hab und Gut verloren. Alle Kleider und die anderen Sachen, die mir Hilmar Fenger in New York für seine Verwandten in Island mitgegeben hatte, waren weg. Und doch war ich unglaublich gut davongekommen. Als die Tage vergingen, bat mich der Onkel von Sigríður Þormar in sein Büro. Er wollte mit mir reden, fragte nach seiner Nichte und hoffte, dass ich Halldóra Helgadóttir, die Frau des Obermaschinisten Hafliði Jónsson, besuchte – wenn ich mich traute. Ich ging zu ihr und fand es äußerst schwierig. Diese Frau hatte ihren Ehemann und jüngsten Sohn verloren. Ich versuchte ihr so gut ich konnte zu erzählen, was sich ereignet hatte.

Dann ging ich zu den Eltern von Sigrún Briem. Die Familie machte auf mich einen sehr gefassten Eindruck, es waren starke Persönlichkeiten. Sie trugen es mit Würde. Ebenfalls besuchte ich Friðgeir Ólasons Eltern, Nachbarn meiner Familie. Ich hatte den Onkel von Friðgeir Ólason getroffen, der mir sagte, dass man mich erwartete, denn die Familie wollte so viel wie möglich über das Ärztepaar und die Kinder erfahren. Ich kannte Sigrún Briem und Friðgeir Ólason, hatte mit ihren Kindern auf der Rückfahrt viel Zeit verbracht. Daher forderte es mich besonders heraus, diese Familie jetzt zu be-

suchen. Der Mutter von Sigríður Þormar stattete ich auch einen Besuch ab, sie wünschte sich mein Kommen. Sie war bestürzt, als ich sie traf. Dieser Besuch war wahrscheinlich der schwierigste von allen, wenn auch alle Besuche bei den Angehörigen der Verstorbenen anstrengend waren. Mir schien, als teilten die Hinterbliebenen eine Frage, die unausgesprochen blieb: »Warum wurdest du geborgen?«

Áslaug Sigurðardóttir besucht die Familien
jener, die den Untergang nicht überlebt
haben. Sie übernimmt die Leitung eines
Kinderheims. Auch, um den Kummer zu
verarbeiten, wie sie sagt.

Halldóra Helgadóttir mit ihren drei kleinen Söhnen. Dass sie Pétur Már
an Bord der *Goðafoss* gehen ließ, wird sie sich nie verzeihen.

Der Gedanke an Óli und Sverrir, die kleinen Jungen, die Áslaug Sigurðardóttir so liebgewonnen hatte, wird sie ihr Leben lang begleiten. Sie übernimmt die Leitung eines Kinderheims, um den Kummer zu verarbeiten.

+++

Eine Woche nach dem Angriff auf die *Goðafoss* trifft eine Meldung an Bord von *U-300* ein. Die Nachricht, dass man ein isländisches Passagierschiff versenkt hat, das Schiff eines neutralen Staates, löst keine Betroffenheit aus. Horst Koske erinnert den lakonischen Kommentar eines Bootsmanns, der sagt: »Scheiße, jetzt haben wir die halbe isländische Flotte versenkt.« Ein Thema ist die Attacke nicht. Kommandant Hein muss sich einige Wochen später, nach der Rückkehr des Bootes nach Trondheim, vor dem U-Boot-Kommando verantworten, Papiere vorlegen und Rechenschaft ablegen. Details, was genau vor sich geht, werden nicht bekannt. Konsequenzen haben der Angriff und die Befragung für Hein nicht: Schon bald darauf läuft das Boot zur nächsten Feindfahrt aus.

+++

Für die Angehörigen der Opfer von der *Goðafoss* ist es schwierig, Abschied zu nehmen. Sie haben keinen Ort, keinen Grabstein, nichts, an dem sie ihre Trauer festmachen können. Der Verbleib des Wracks bleibt bis heute ein ungelöstes Rätsel. Obwohl viele Augenzeugen den Untergang aus der Ferne beobachtet haben, obwohl Experten Jahrzehnte später mit modernster Ortungstechnologie nach der *Goðafoss* suchen, obwohl sie in geringer Tiefe nahe der Küste liegen muss, bleibt das Schiff auf dem Meeresgrund verschollen.

Auf der *Goðafoss* scheint eine Art Fluch zu liegen, der selbst später noch zu spüren ist. Seeleute wie Ingólfur Ingvarsson haben es schwer, neue Heuer zu finden, denn sie werden auf anderen Schiffen als »Unglücksraben« abgelehnt. Außerdem wollen die Menschen, die keine verlässlichen Informationen bekamen, sondern die Ereignisse auf Basis von Gerüchten und Hörensagen interpretieren, von ihnen wissen, was wirklich geschah.

Der Grund, warum ich so schnell wieder zur See fahren wollte, war, dass die Leute – egal, wohin ich auch ging – mit mir über das Unglück sprechen wollten. Jedes Mal, wenn ich jemandem begegnete, musste ich dieselbe Geschichte wiederholen, wieder und immer wieder. Doch davon zu erzählen war uns untersagt worden. Jeder wollte etwas von dem Untergang erfahren und allmählich machten sonderbare Gerüchte und Fragen die Runde. Hätte man euch torpediert, wenn das Schiff nicht umgekehrt wäre, das wurde ich oft gefragt. Offensichtlich nahm man an, dass die Goðafoss eigens abgedreht hatte, um die Briten von der Shirvan zu retten. Aber das stimmte nicht. Wir hatten den Kurs nicht geändert. Irgendein Gerücht musste sich nach dem Verhör herumgesprochen haben. Wir waren nicht einen Grad vom Kurs abgewichen, als wir die Männer vom Rettungsboot an Bord aufnahmen. Die Goðafoss war eine Nacht zuvor aufgrund des schlechten Wetters umgekehrt – das hatte mit dem Angriff aber nichts zu tun gehabt.

179

Besonders Kapitän Gíslason steht im Zentrum böser Anschuldigungen. Ein Mann beschimpft ihn auf der Straße und fragt, ob er sich nicht schäme, als Kapitän den Untergang überlebt zu haben. Man wirft ihm vor, durch seine Rettungsaktion das Leben aller auf der *Goðafoss* riskiert zu haben, weil nur durch diese Verzögerung ein Angriff auf den Frachter erfolgen konnte. In einer Diskussion, Jahre später, wird Gíslason einem empörten Ankläger entgegenhalten: »Wie hätten Sie reagiert? Hätten Sie die Verletzten, die im Meer um ihr Leben schwammen, einfach ihrem Schicksal überlassen? Fragen Sie sich das!«

Ob ihn eine Mitschuld trifft, beschäftigt das Seegericht auch in einer zweiten Verhandlung am 28. November 1944. Gíslason erklärt, dass ihm keine Vorschrift bekannt sei, nach der es einem Leitschiff in einem Konvoi verboten sei, Schiffbrüchige aufzunehmen. Er verteidigt sich, macht darauf aufmerksam, dass die *Goðafoss* ihren Kurs nicht ändern musste, um die Männer der *Shirvan* zu bergen, dass die Geleitboote etwas mehr als eine Seemeile vom Leitschiff entfernt waren, als die Rettungsaktion anlief. Er legt mit zitternden Händen eine Liste vor. Es sind die Namen der Toten.

+++

Steuermann Reid darf nach einer Woche Island verlassen; an Bord eines polnischen Passagierschiffs, das zum Militärtransporter umfunktioniert wurde, reist er ins schottische Greenock nahe Glasgow. Er ruft seine Verlobte an.

»Wo bist du?«, fragt sie.

»In Schottland«, antwortet Reid.

»Warum in Schottland?«

»Lange Geschichte. Unser Schiff wurde versenkt.«

»Was hast du jetzt vor?«

»Ich komme nach Hause. Ich werde in fünf Stunden bei dir sein.«

Reid ist erleichtert, dass seine Partnerin nicht fragt, ob er einen Fuß, einen Arm oder ein Auge verloren habe. Sie sagt lediglich:

Ölgemälde von Kapitän Gíslason, das einen Schiffskonvoi auf dem Atlantik zeigt.
Das Bild hängt heute im Wohnzimmer des einstigen Matrosen Sigurður Guðmundsson.

Weil er das Schiff stoppte, um
Schiffbrüchige zu retten – und so
riskierte, dass die *Goðafoss* zum Ziel
des U-Boots wurde –, gerät Sigurður
Gíslason unter starke Kritik.

»Prima. Dann verschicke ich die Einladungen für unsere Trauung.«
Eine Woche später heiraten sie. Die Reederei gönnt Reid achtzehn
freie Tage, damit das Paar die Flitterwochen verbringen kann. Im
Januar 1945 fährt Reid wieder zur See, mit dem festen Vorsatz,
nie wieder einen Benzintanker zu betreten. Als er an Bord kommt,
erfährt er, was an Bord ist: höchst empfindliches Flugbenzin.
Dieses Schiff bringt Reid mehr Glück. Im Hafen von Antwerpen
bleibt es auf wundersame Weise während eines Bombenhagels
verschont.

+++

Matrose Ingvarsson bekommt schließlich eine Heuer an Bord des
Kühlschiffs *Brúarfoss*, das Fisch nach London transportiert und mit
allen möglichen Waren zurückkommt. Er ist, eine Ironie, Ersatz für
seinen Kameraden Finnbogason, der noch immer schwer am Knie
verletzt ist:

*Wir fuhren wieder in einem Schiffskonvoi und steuerten an der
Küste entlang. Die Dunkelheit war wie in jener Nacht, in der wir
auf dem Geleitboot in Reykjavík ankamen. Dass sich jetzt noch ein
deutsches U-Boot in der Bucht verstecken könnte, hielt ich für ab-
wegig. Als wir ausliefen, stand ich am Steuer. Der Kapitän trat hin-
zu und blickte auf den beleuchteten Kompass – er überprüfte den*

*Kurs. Dann befühlte er meine Kleidung in der Dunkelheit. »Warum
trägst du keine Rettungsweste?«, fragte er. Ich wusste kaum zu
antworten. Es war so dunkel, dass er mein Gesicht nicht erkennen
konnte. »Sie waren doch auf der Goðafoss«, sagte er dann. »Sie
sollten inzwischen gelernt haben, eine Rettungsweste zu tragen.«*

Wenige Wochen später, am Neujahrsabend, überlebt Ingvarsson in London den Einschlag mehrerer deutscher V1-Flugbomben in unmittelbarer Nähe. Eine Flugbombe schlägt nahe dem Schiff im Hafen ein, eine andere zerstört, während er in einem Pub ein Bier trinkt, den Häuserblock, an dem er kurz zuvor vorbeiging. Ingvarsson scheint einen guten Draht zu seinem Schutzengel zu haben.

Fünf Besatzungsmitglieder der *Goðafoss* – darunter der genesene Kombüsengehilfe Finnbogason – heuern auf der *Fjallfoss* an, einem kleinen Frachter, mit dem sie nach Halifax dampfen. In Amerika kaufen sie einige Kisten Obst, die sie den Angehörigen der Verstorbenen schenken wollen. Als sich das Schiff der Faxaflói-Bucht nähert, in der die *Goðafoss* versenkt wurde, erhält der Kapitän eine Warnung: Er solle auf keinen Fall Reykjavík ansteuern, denn zwei U-Boote lägen auf der Lauer. Erst am nächsten Tag erteilt man die Erlaubnis.

Die Ereignisse auf der *Goðafoss* sollen Guðmundur Finnbogason bis an sein Lebensende verfolgen:

Viele Jahre lang schrak ich auf, wenn eine Tür zuschlug oder Ähnliches geschah. Dann kam ich zu mir, stand einfach da, mit einem Kissen in den Händen. Es war, als hielte ich den Sack mit der Strickbekleidung fest, den man mir gegeben hatte und den ich in Reichweite meiner Koje verwahrt hatte, falls uns in den Kriegstagen etwas auf dem Meer widerfahren würde. Dies schlummerte noch lange Zeit nach dem Krieg in meinem Unterbewusstsein. Eines Morgens, ich wohnte schon lange in Selfoss in Südisland, geschah es wieder, kurz vor der Aufstehzeit. Ein Lastwagen war auf den Weg eingebogen, der zu meinem Haus führte. Er kippte mit viel Getöse seine Ladung ab. Ich schlief oben in meinem Bett, schrak pfeilschnell hoch, packte mein Kissen und stand unverhofft mit beiden Beinen auf dem Fußboden. Meine Frau dachte, ich würde den Verstand verlieren.

Nach dem Unglück konnte ich weder rückenschwimmen noch kraulen. Nie mehr. Ich habe es sehr oft versucht, aber was ich auch tat, es ging nicht. Obwohl ich beides früher beherrschte, gelang es mir seit dem Untergang der Goðafoss *nicht mehr. Irgendetwas war in meinem Inneren geschehen, als ich in der See um mein Leben schwamm.*

+++

Die *Northern Reward* wird nach Kriegsende samt Schwesterschiff in die Westfjorde verkauft und unter dem Namen *Vörður* für den Fischfang eingesetzt. Auf einer Fahrt nach England schlägt es im Winter 1950 leck und sinkt. Fünf Besatzungsmitglieder ertrinken.

+++

Nach Reparaturen am Tiefenruder, das in einem schweren Sturm brach, legt *U-300* im Januar 1945 wieder zu einer Feindfahrt ab, Kurs Ärmelkanal. Dass vor der Abfahrt ein Gesandter des NS-Propagandaministeriums eine Rede hält, in der man die Mannschaft mit martialischen Worten zur »bedingungslosen Hingabe« und »zur letzten Seeschlacht« auffordert, sorgt für einen Eklat. Horst Koske:

Diese Propagandafritzen waren immer verhasst, wir hatten ein unschönes Schimpfwort für sie und wenn einer von ihnen an Bord kam, wusste jeder, wer mit »Badegast« gemeint war. Vor der Abfahrt ertrug es einer der Bootsmänner nicht mehr. Er stand auf und rief: »Sabbel nicht so viel rum, wenn du willst, kannste sofort bei uns

einsteigen!« Kommandant Fritz Hein schaute irritiert und wurde
ganz blass, während die Mannschaft lachte. Folgen hatte dieses Ver-
halten für den Bootsmann nicht mehr, dafür war es zu spät.

Weil im Operationsgebiet bereits mehrere Boote im Einsatz sind,
bittet Kommandant Hein die Admiralität darum, durch die Straße
von Gibraltar ins Mittelmeer vordringen zu dürfen. Diesem Wunsch
wird stattgegeben. Vor Lissabon taucht das U-Boot zum ersten Mal
seit Wochen wieder auf – damit die Besatzung die hell erleuchtete
Stadt bestaunen kann.

Am Morgen des 19. Februar 1945, nahe Tanger vor der afrikani-
schen Küste: Wasserbomben detonieren neben dem Boot und be-
schädigen es schwer. Es sinkt in einem Winkel von fünfunddreißig
Grad in die Tiefe und kann nicht mehr kontrolliert werden. Vorne,
nicht weit vom Bugraum, in dem die Torpedos lagern, gibt es ein
Leck. Das Boot sinkt auf hundertdreißig, dann auf hundertfünfzig
Meter, der Eisenmantel knackt bedrohlich. Mehr als zweihundert
Meter Tiefendruck hält die Konstruktion nicht aus, das ist allen
an Bord bewusst. Auf ungefähr zweihundertfünfzig Metern Tiefe
bohrt sich der Bug in den Meeresboden; die Männer werden um-
hergeschleudert. Wasser strömt hinein und mancher fürchtet, in
den nächsten Minuten zu ertrinken.

Uns war klar: Wenn wir diese Schäden nicht reparieren könnten,
würden wir nie wieder nach oben gelangen. Ich wusste, dass jetzt
kein Gebet, sondern harter Einsatz wichtig war, um das Boot wieder
flottzumachen. Nach kurzer Beratung entschied der Kommandant,
die Batterieverbindung wiederherzustellen, das hat der leitende In-
genieur Paul Machoczek geschafft. Damit war die volle Batterie-
leistung wieder garantiert. Die Lenzpumpen konnten in Betrieb
genommen werden.

Mit Rinder- oder Schweineteilen aus dem Proviant dichtet man das Leck provisorisch ab. Der leitende Ingenieur errechnet, dass der Sauerstoff für zehn Stunden ausreicht. Die Männer schauen den Kommandanten an, den Chefingenieur und den Kameraden neben sich: alle bärtig, mager, verschwitzt und blass. Befehle werden erteilt. Maschinen volle Fahrt zurück! Das Boot hebt sich vom Grund und steigt steil nach oben. Die komplizierten Schweißarbeiten unter Wasser und in absoluter Dunkelheit haben Erfolg: *U-300* ist gerettet, vorerst. Weil das Boot keine Angriffe mehr fahren kann, beschließt Hein, die Heimreise anzutreten.

Das Boot fährt Richtung Atlantik. Immer wieder sind Schrauben- und Motorengeräusche zu hören; weil auch das Periskop beschädigt ist, gerät *U-300* zu nahe an die Begleitschiffe eines Konvois heran. Am 22. Februar 1945 ist das Boot nicht mehr manövrierfähig. Hein gibt Befehl zum Auftauchen, um die Mannschaft zu retten und *U-300* zu versenken. Funkmaat Horst Koske erinnert sich:

Es grenzte an ein Wunder, dass wir das Boot noch über Wasser halten konnten. Der Riss im Drucktank bewirkte, dass die gesamten Torpedo- und Luftaustauschanlagen unbrauchbar geworden waren. Als wir an Deck waren und ich zum Turm schaute, war ich mir sicher, dass er jetzt schief stand. Im Übrigen war das Deck stark zerstört worden. Wegen der Schäden hatten wir große Mühe, das Boot zu versenken. Die Entlüftungsventile waren verbogen, vieles mehr war ebenfalls beschädigt. Daher hielt sich das Boot länger als angenommen über Wasser.

Während die Deutschen das U-Boot verlassen, werden sie von Bord einer britischen Korvette beschossen. Die Briten zielen auf die Schiffbrüchigen im Wasser und anscheinend auch auf die Männer, die sich noch an Bord befinden. Fritz Hein steht an Deck und lädt das Maschinengewehr. Horst Koske erzählt weiter:

Unser Kommandant fiel, als er die schießenden Engländer von uns ablenken und die Aufmerksamkeit auf sich ziehen wollte. Damit wollte Hein seine Leute retten, die im Meer schwammen. Er ließ sich noch Munition reichen, dann war er allein an seiner Flak, wurde schwer verwundet und starb im Turm des U-Boots. Acht weitere U-Boot-Seeleute wurden verwundet und starben.

Die englischen Schiffe drehen ab und fahren mit Höchsttempo davon. An den Außenleinen von zwei Schlauchbooten halten sich die Überlebenden fest, um nicht abgetrieben zu werden. Dank der Schwimmwesten, die mit einer kleinen Pressluftpatrone aufgeblasen wurden, überleben alle, bis die Engländer zurückkehren, Rettungsboote aussetzen und die Schiffbrüchigen bergen. Horst Koske:

Ich war einer von denen, die im Meer schwammen, als man von Bord des Kriegsschiffes damit begann, uns mit leichter Artillerie – einer Zwanzig-Millimeter-Flak – zu beschießen. Der Beweis dafür ist ein englisches Foto, auf dem ich im Rettungsboot zu sehen bin. Ich habe als Einziger die Schwimmweste verkehrt herum an. Ich hatte sie mir ausgezogen, um wegen der Schüsse tauchen zu können. Als die Schießerei aufhörte, hatte ich nicht mehr die Kraft, mir die Weste richtig anzuziehen. Ich kam zu mir, als mich ein englischer Soldat im Arm hielt. Er hatte mir eine wärmende Decke umgelegt und flößte mir Wasser ein. »Du musst trinken, du musst trinken«, sagte er immer wieder, bis ich einen halben Becher geleert hatte. Er rettete mein Leben. In späteren Unterhaltungen erfuhren wir, dass der Schütze, ein Geschützführer, ohne Befehl gehandelt hatte. Sein Vorgesetzter war sehr erzürnt gewesen und hatte die Schießerei

Besatzungsmitglieder von *U-300* werden in einem Rettungsboot an Bord des englischen Kriegsschiffs gebracht. In der Mitte erkennt man Horst Koske, der als Einziger die Rettungsweste verkehrt herum trägt.

Mit verbundenen Augen werden zweiundvierzig U-Boot-Fahrer in Gibraltar an Land geführt.

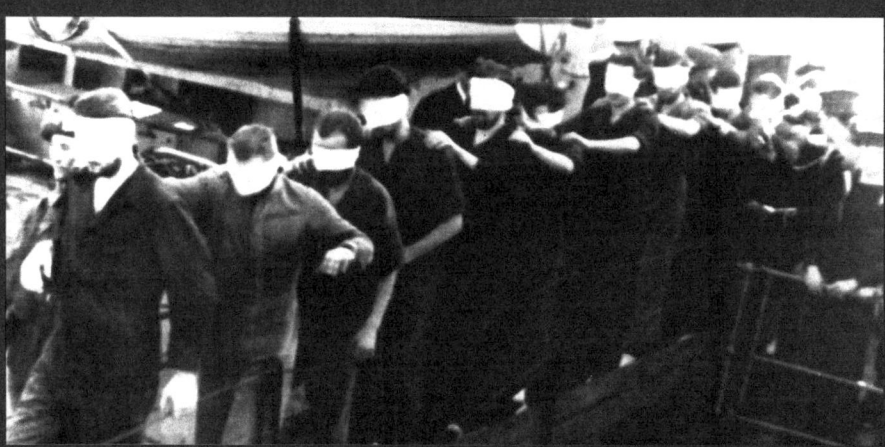

Gezeichnet von den Strapazen der Feindfahrt gehen die Soldaten in Kriegsgefangenschaft. Dass sie mit der *Goðafoss* irrtümlich den Passagierdampfer eines neutralen Landes versenkten, hatten sie eher gleichgültig zur Kenntnis genommen.

sofort einstellen lassen. »Wir haben nicht geschossen, es tut uns
sehr leid«, *das hörten wir immer wieder.*

Zweiundvierzig Mann aus der Besatzung von *U-300* gehen am
Morgen des 24. Februar von Bord des Minenlegers *Pincher* in Gibraltar an Land. Bei Verhören geben sie nur wenige Informationen
preis, die meisten lehnen es sogar ab, auch nur die geringfügigsten
Angaben über die Fahrten des U-Boots zu machen. Alle Einzel-
heiten des Reports beruhen auf Berichten von drei oder vier Besatzungsmitgliedern sowie konfiszierten Tagebüchern. Bis 1947
werden die Matrosen in England und Schottland interniert.

+++

William Downey, der Ehemann von Ellen Downey, erfährt im
Dezember 1944, dass seine Frau, sein kleiner Sohn und das Unge-
borene ertrunken sind. Der Witwer erhält eine Woche Fronturlaub
und reist nach Island, um mit der Familie seiner Frau zu trauern.
Downey betrachtet die Attacke auf die *Goðafoss* als hinterhältiges
Kriegsverbrechen und schwört Rache. Am Ende des Krieges gelangt er dank seiner Kontakte in den Besitz von Dokumenten der
deutschen Admiralität; nun weiß er, welches U-Boot die *Goðafoss*
versenkt hat und wer der Kommandant war. Downey recherchiert
weiter und findet die Heimatadresse von Fritz Hein heraus, ein
Dorf in Bayern.

Mit der erbeuteten Pistole eines deutschen Offiziers, einer Pistole vom Kaliber 38, macht sich Downey auf den Weg nach Bayern.
Er will Hein erschießen. Er will Genugtuung. Er ist bereit, den
Mann zu töten, der seine Familie auf dem Gewissen hat. Downey
klopft an die Tür. Eine Frau öffnet, eine Schwester von Fritz Hein.

»Ich suche Fritz Hein«, sagt er.

»Er ist auf See geblieben«, erklärt ihm die Frau.

Downey dreht sich wortlos um und geht davon.

+++

Die Leichen der beiden kleinen Kinder Óli und Sverrir werden auf der anderen Seite der Faxaflói-Bucht an Land gespült, am Fuße eines Vulkans und des Gletschers Snæfellsjökull. Sie liegen nur wenige Meter voneinander entfernt am Strand. Es mutet wie ein Wunder an, ein Wunder, das die Öffentlichkeit in Island bewegt. Wie ist es möglich, dass die Brüder in der Strömung zusammenbleiben? Dass sie sogar nebeneinanderliegen? Es sind die einzigen Körper, die gefunden werden.

Die Kinder sind noch bekleidet. Sie sind mit Öl verschmiert. Eine Frau aus einem nahe gelegenen Dorf wäscht sie und reinigt ihre Kleidung. Ihr ist am Tage zuvor im Traum eine Frau erschienen, die ihr Blumen schenkte und sie bat, auf ihre Kinder aufzupassen und sie zu beschützen. Der Mann, der sie fand, zimmert den Kindern einen Sarg. Man bringt sie zu ihren Verwandten nach Reykjavík. Ein Freund der Familie schreibt in einem Nachruf:

Als die Wellen des Ozeans die kleinen Jungen freigegeben haben,
als das Meer sie sanft auf den Strand legte, kamen sie nach Hause
wie ein Lichtstrahl, mit einen letzten Gruß ihrer Eltern und ihrer
kleinen Schwester.

Nur langsam finden die Isländer nach der Tragödie zum Alltag zurück.
Bis heute beschäftigt der Untergang der *Goðafoss* das kleine Land.

New York

Hinfahrt der Goðafoss

Atlan